STUDIA PHILOLOGICA

SERIES MINOR

В. К. ЗУБАРЕВА

ТАЙНОПИСЬ

БИБЛЕЙСКИЙ КОНТЕКСТ В ПОЭЗИИ БЕЛЛЫ АХМАДУЛИНОЙ 1980-х — 2000-х годов

2-е издание

ЯЗЫКИ СЛАВЯНСКОЙ КУЛЬТУРЫ
ГЛОБАЛ КОМ
Москва 2017

УДК 821.161.1.0
ББК 83.3(2Рос=2Рус) 6
    З 91

Издание спонсировано проектом «Русское безрубежье»
http://litved.com/

Зубарева В. К.

З 91   Тайнопись. Библейский контекст в поэзии Беллы Ахмадулиной 1980-х — 2000-х годов. — 2-е изд. — М.: Языки славянской культуры: Глобал Ком, 2017. — 224 с. — (Studia philologica. Series minor).

ISBN 978-5-9445729-5-0

Исследование посвящено поэзии поиска Присутствия в стихах Беллы Ахмадулиной 1980-х — 2000-х гг. Обращаясь к неизречённой реальности и сделав её имплицитным сюжетом своих произведений, Ахмадулина разработала жанр, который можно назвать неизречённым реализмом. В поэзии Ахмадулиной неизречённый реализм вырастает из фактов её биографии, реальных дат и событий, вглядываясь в которые, она пытается обнаружить связь с Присутствием. Метод, которым она пользуется, — метод тайнописи — позволяет ей создавать многоуровневую систему, в которой таинство угадывается в обыденном и реалистичном. Этот метод поэтесса некогда сформулировала так: «Чужда я притязаний и повадок — / коснуться высших таинств напрямик».

УДК 821.161.1.0
ББК 83.3(2Рос=2Рус) 6

*В оформлении переплета использованы фотографии
из архива автора и работа И. Френкель «Эксперимент» (1998)*

ISBN 978-5-9445729-5-0

Содержание

Тайна пространства: обретение сакраментальных координат

Тайна тварного мира

Тайна зеркальных дат: промельк Пушкина

Встречи с Беллой Ахмадулиной: три эссе

ПРЕДИСЛОВИЕ

Неизречённый реализм
в поэзии Беллы Ахмадулиной

Думается, главное в поэзии Беллы Ахмадулиной ещё нуждается в проникновении. В эссе, рецензиях, статьях и заметках о её необычной образной системе, своеобразии поэтического самоизъявления [Губайловский 2001], вызывающего то нарекания, то восхищение со стороны критики [Куллэ 1997], о тематической направленности [Винокурова 1995], о стилистике и пушкинской традиции [Михайлов 1973] тайнописный фундамент остаётся в тени.

Говоря об особенностях воздействия поэтического мира Ахмадулиной на читателя, А. Михайлов отмечает: «В нём не то чтобы уютно и непринуждённо, нет, без вечернего костюма туда не войдёшь и в кресле не развалишься, но ощущение собственной значительности остаётся, потому что атмосфера стихов обязывает быть и тонким, и изысканным, и умным» [Михайлов 1986: 427]. Из чего же соткана эта атмосфера, почему она несёт в себе ауру значимости, почему не разочаровывает изысканного читателя, понимающего разницу между словесными упражнениями и высоким искусством?

Задаваясь этими вопросами, я и начала работу над книгой. История её появления описана в одном из трёх эссе, помещённых в конце, и должна признаться, она не менее таинственна для меня, чем тексты, о которых пойдёт речь. Наверное, так и должно быть, если автор стихов и толкователь находятся на одной волне. Иначе уйдёт целостность, а с нею и тайна, ради постижения которой и писались стихи. Вопросы стиля, своего голоса и всего того, что стало предметом обсуждения в критике, мало волновали Ахмадулину. Как поэт она была самодостаточна. Лица необщее выраженье было дано ей от природы, она не придумывала себя, не изобретала свой стиль и голос. Она лишь анализировала этот дар, размышляя о том, откуда он, куда ведёт её и зачем.

Её поэзия — это прежде всего поэзия поиска Присутствия, следы которого нужно угадывать в малом. Имея всё то, о чём может только мечтать поэт, Ахмадулина не растрачивала перо на поделки в духе времени, а искала то, на чём взросла русская литература и без чего не могло состояться ни одно значительное произведение искусства.

Взор её был обращён в высь, о чём бы она ни писала. Там она искала ответы, и собственные писания, как она признавалась в письмах, проясняли ей то, над чем она размышляла. Неизречённая реальность присутствует вторым планом в её стихах, формируя имплицитный сюжет[1]. Поэтому я рискну назвать жанр, в котором она работала, *неизречённым реализмом*, имея в виду, что он восходит к Таинству, чьё незримое присутствие выводится из событий жизни, зачастую автобиографических. Лирическая героиня Ахмадулиной — не маска, не выдумка. Ирина Роднянская предложила другой термин для лирического героя — художественный двойник поэта [Роднянская 1981]. На мой взгляд, он как нельзя лучше определяет ситуацию в поэзии Ахмадулиной. Её лирическая героиня и впрямь является художественным двойником своего автора.

События, легшие в основу подавляющего большинства стихов Беллы Ахмадулиной, происходили на самом деле.

---

[1] Термины «имплицитное пространство» и «пространство действия» предложены мной в книге по чеховскому творчеству [Ulea 2002: 23].

В книге «Кимры в тексте» Владимир Коркунов обстоятельно знакомит читателя с реальными героинями некоторых стихотворений «Глубокого обморока» (1999), показывая, что Ахмадулина сохранила их имена, черты и даже особенности взаимодействия с окружающим миром (вечно разбивающаяся посуда в руках нянечки Татьяны — одна из таких забавных особенностей). Обо всём этом вкратце повествует и сама Ахмадулина в письме к Наталье Ивановой [Ахмадулина 2001]. Разумеется, работая над циклом, Ахмадулина не ставила пред собой задачи с фотографической точностью воспроизвести все детали и лица. Кое-что в образах её кимрских героинь перемешивается и даже иногда «перепутывается». Но суть не в отдельных отступлениях от действительности, а в общей тенденции по возможности сохранить реальность, чтобы разгадывать в ней неизречённость. Этот художественный приём вырос из её личного способа толкования событий. В письме к В. И. Коркунову от 20.12.1999 г. она пишет: «…в ночь накануне посылки я упоминала Шишкова и Плетнёва и утром солнцеморозного дня обрадовалась газете как письму от Пушкина, пусть не мне, но хотя бы Шишкову» [Коркунов 2016]. Письмо от Пушкина… Так она читает и увязывает обе реальности.

> Тайнодержавной власти тайнодержец,
> таинственно, утайкою, тайком
> он предавался тайнописи — дескать,
> не дело всех, о чём она, о ком.
>
> («Я и ночь и Галактион»)

Эти строки из посвящения Галактиону Маргвелашвили, чьи стихи переводила Белла Ахмадулина, можно в равной степени отнести и к ней самой.

Художественный метод Ахмадулиной позволяет ей создавать систему, где Таинство проникает все уровни текста. Своё поэтическое кредо она сформулирует так: «Чужда я притязаний и повадок — / коснуться высших таинств напрямик» («Прегрешения вольныя и невольныя», 1999). Ахмадулина делает Присутствие дыханием текста. Высказывание блаж. Августина о евхаристических хлебе и вине («Они именуются Таинствами, так как в них одно обращено к видению, а другое — к постижению») приложимо и к литературному произведению, в котором образ зримый направлен на услаждение, а сокрытый — на постижение. Этот двусторонний принцип Таинства и лёг в основу образной системы Ахмадулиной, где игра видимого и невидимого строится на ассоциативных рядах, сложных и разветвлённых, формирующих имплицитный сюжет её стихов.

Стиль повествования, который она избирает, зачастую строится на недомолвках, намёках, рассчитанных на посвящённого, или утаивании («я утаю и не предам перу»). Этот конспиративный тон невольно ассоциируется с временами прослушивания, с осведомлённостью о присутствии провокатора, сотрудника в штатском или цензора. Для обсуждающего запретную тему веры угроза вполне реальная. Отсюда кодирование месседжей, стремление выдать одно за другое. Но исторический аспект не является единственным обоснованием стиля. Не является он и превалирующим. Он существует параллельно с принципом, сформулированным Ахмадулиной. И если исторический принцип остаётся приметой времени, то другой является вневременным.

В отличие от тайны, которая поначалу не явлена, но объявлена, а в конце может быть раскрыта, Таинство имеет «внешний и видимый знак внутренней и духовной благодати» (Катехизис). Движение к нему идёт через явленное, данное в ощущениях. Явленное может быть воспринято как единственная реальность теми, кто не в состоянии почувствовать за ним других вибраций. Для того же, кто настроен на волну Таинства, зримая сторона предстаёт путеводным знаком. При этом постижение не предполагает окончательного раскрытия и разгадывания Таинства и связано исключительно с процессом погружения в него.

В статье о современной духовной поэзии Ирина Роднянская подчёркивает, что «встреча с духовной реальностью Присутствия, притом нередко встреча внезапная, способна вызвать в пишущем такое экзистенциальное содрогание, которое никак нельзя отрешить ни от личной эмоции, ни от воображения, ни от "плоти и крови", облекающих собственное, остро ощутимое "я"» [Роднянская 2011]. Подобные встречи составляют имплицитный сюжет стихов Беллы Ахмадулиной. Но только имплицитный. Её поэзия не относится к жанру духовной, которая во многом *библиоцентрична*, т. е. вращается вокруг библейских образов и метафор. В её произведениях сложно отыскать отсылки к библейским или апокрифическим текстам. В нашей частной беседе с Борисом Мессерером он подчеркнул, что «Белла никогда не *религиозничала*», имея в виду церковность. Об этом же говорит и она сама в интервью газете «Московский железнодорожник»: «Утешением человеку может быть чистая и ясная вера в Бога. Я не церковный человек, не принадлежу к прихожанам, но без веры в Господа не понимаю жизни» [Ахмадулина].

Встреча с духовной реальностью Присутствия в стихах Ахмадулиной напоминает то описание природы, то живописание события и зачастую остаётся достоянием поэта, а не читателя. Для читающего первый, явленный, план её стихов гибнет «огромность встречи». И тогда читатель либо завороженно слушает её, как слушают диковинную птицу, не пытаясь увязать в смыслы звуки, проливающиеся из её гортани, либо удовлетворяется малыми привязками к общим темам любви, разлуки, одиночества и пр. Ахмадулину это нисколько не беспокоит. Она работает по принципу «имеющий уши да услышит».

В её поэзии зрелого периода природа и космос играют роль посредника между человеком и Создателем, являясь «зеркалом Бога», отражающим духовное измерение. В соответствии с этим развивается метод Ахмадулиной, направленный и на зримую, и на скрытую сторону вещей и явлений.

Зримая сторона услаждает «слух, и нюх, и взгляд», отражая «внешний и видимый знак» «духовной благодати». Это библиотека Откровений её художественного двойника, разгадывающего в картинах восхода и заката, цветения и засухи, заснежья и лунности вечное Присутствие.

Ахмадулина — поэт Нового Ренессанса, тайно возрождавший в годы репрессированной веры идею свободы, идущей от Вседержителя, а не лучшего правителя. «Белла была одной из немногих живших во времена тотального атеизма, но говоривших и писавших о Боге, как о вневременном идеале, к которому должна стремиться каждая душа, жаждущая света истины и противящаяся злу», — писал Борис Мессерер в своём обращении к членам оргкомитета и жюри Международной премии имени Беллы Ахмадулиной [Сутулов-Катеринич 2012]. Примеров подобного бесстрашного поведения Ахмадулиной, когда она прилюдно ставила Бога выше правителя, достаточно много в её биографии. Давая интервью газете «Бульвар Гордона», Ахмадулина, в частности, вспоминает следующий эпизод:

> Когда обсуждали «Раковый корпус», я вошла в дверь маленького зала заседаний и увидела, как понуро сидел Александр Исаевич. Председатель, обращаясь к нему, сказал: «Товарищ Солженицын, надеюсь, что вы учтёте все замечания критиков и организации. На этом собрание закрыто». Я вмешалась: «Позвольте одно слово». Мне кивнули: «Белочка, ну скажите». Тогда я громко произнесла: «То, что здесь говорили, — вздор. Пусть Бог хранит Александра Исаевича, и всё тогда обойдётся». Стенографистка тайком записала мои слова, и так это стало известно... [Ахмадулина 2009б].

Основное внимание в книге уделяется толкованию тайнописи как художественного метода Ахмадулиной. Оно требует не только аналитических способностей, но прежде всего объёма знаний, адекватного знаниям поэта. Всякий, у кого возникнут сомнения в том, знала ли Ахмадулина в действительности всё то, на что наталкивает чтение её произведений, может быть уверенным в том, что знала, и даже гораздо больше, чем это может подметить критик или литературовед. В интервью «Известиям» она признаётся: «Обстоятельства так сложились, что я успела много прочесть. Того, что было издано прежде, и того, что нельзя было читать» [Ахмадулина 2006а]. Каждая мини-поэма, каждый цикл стихотворений Ахмадулиной включает в себя исторические аллюзии. О её работе над циклом «Глубокий обморок» и, в частности, над стихами, посвящёнными Кимрам, Владимир Коркунов пишет: «...факты, послужившие основой текста, не лежат на поверхности, для их понимания и осмысления необходим подробный исторический комментарий (минимальный контекст)... Исторические мотивы проникли в текст благодаря краеведческим книгам, которые санитарки Боткинской больницы привозили поэту» [Коркунов 2015: 118].

Объём её знаний восхищает, но ещё больше восхищает глубина понимания и концептуальность мышления, присущая далеко не всем эрудитам. Небольшое свидетельство очевидцев о пытливости Ахмадулиной и её удивительной способности скрупулёзно «изучать предмет» находим в статье «"Столица сердца" Беллы Ахмадулиной». Владимир Коркунов интервьюирует героинь ахмадулинского цикла «Глубокий обморок». Одна из них так описывает первую встречу с Ахмадулиной: «"Ой, девчонки, вы откуда?" — запомнился Татьяне первый вопрос. "Из Кимр", — отвечают. И тут же новый вопрос: "А где это?" <...> А после того как Татьяна Коростелёва привезла Ахмадулиной книги о Кимрах, именитая пациентка удивила сестер... *"Она нам про наши Кимры больше рассказала, чем мы о себе знаем!* — до сих пор удивляется Татьяна Быкова. — *Как к нам икону везли, Иверскую Божью Матерь, несли её на руках..."*» [Коркунов 2011]. В дальнейшем она использует это в своём цикле.

Запрокинув лицо в бесконечность, она предавалась тайнописи, не заботясь о том, по силам ли её писания читателю.

Главы из книги выходили в журналах «Дружба народов», «Интерпоэзия», «Нева», «Новый мир», «Филологический вестник» и др. Книга посвящена 80-летию со дня рождения Беллы Ахмадулиной. Выбор стихотворений делался из соображений того, насколько они являются ключевыми в рамках предложенного подхода. Поскольку главы книги основаны на статьях, некоторые повторения неизбежны, но избавиться от них крайне сложно, так как нарушается динамика повествования и логика развития доказательств.

В соответствии с названием книги её разделы выстраиваются вокруг метафоры таинственного, которая относится либо к конкретной дате, лёгшей в основу поэтического сюжета, либо к определённому пространству, в котором он разворачивается. Завершают книгу три эссе мемуарного характера, выдержанные в том же ключе, что и вся «Тайнопись».

За небольшим исключением произведения Беллы Ахмадулиной цитируются по полному собранию сочинений в одном томе (М.: Альфа-книга, 2012).

Автор выражает благодарность спонсорам проекта «Русское безрубежье» за участие в издании этой книги.

ТАЙНА ДНЯ

Семантика календаря поэзии
Беллы Ахмадулиной 80-х годов

Бабочки и февраль

Говоря о стихах Ахмадулиной 80-х годов, Михаил Эпштейн отмечает, что в них «возрастает значение точно зафиксированной даты» и «впервые в русской поэзии предпринимается попытка систематически раскрывать своеобразие не сезона или месяца (“Апрель”, 1959; “Осень”, 1962), а отдельного дня, соединить лирико-философские обобщения с повседневной записью малейших изменений в жизни природы (“Пишу: октябрь, шестнадцатое, вторник — и Воскресенье бабочки моей...” и т. п. — “День 12 марта”, 1981; “Ночь на 30 апреля”, 1983, и др.)» [Эпштейн 2007: 312—313]. Иными словами, если традиционно пейзажная лирика отражала раздумья поэта наряду с его философскими взглядами, то Ахмадулина добавляет к этому конкретику отдельного дня. Это наблюдение над явной стороной стихов Ахмадулиной требует дополнения относительно их «неизречённой» стороны.

Почти любое стихотворение Ахмадулиной, включающее дату как часть поэтического текста, построено по схеме таинства, где зримая сторона связана с конкретикой отдельного дня, а оборотная восходит к событиям библейского толка. Лирическая героиня Ахмадулиной — не только созерцатель природных явлений, но и кропотливый толкователь тайных посланий, скрытых в них. Это способ её приобщения к таинствам, коснуться которых она никогда не решается «напрямик» («Чужда я притязаний и повадок — / коснуться высших таинств напрямик»).

Приведённое Михаилом Эпштейном стихотворение «Бабочка» (1979) вроде бы выстроено исключительно на природном явлении. Однако дата, настойчиво обыгранная в начале и в конце и обрамляющая сюжет, заставляет задаться вопросом о её значимости в контексте Воскресения.

День октября шестнадцатый столь тёпел,
жара в окне так приторно желта,
что бабочка, усопшая меж стёкол,
смерть прервала для краткого житья.
....
Пора! В окне горит огонь-затворник.
Усугубилась складка меж бровей.
Пишу: октябрь, шестнадцатое, вторник —
и Воскресенье бабочки моей.

Здесь необычно всё — от мотива Воскресения до небывалости чудодейственной жары. В последней строфе появляется метафора затворничества, явно относящаяся к религиозному пласту, а точнее — к идее христианского подвижничества. Окрашенный этим сакральным смыслом образ огня-затворника продлевает ассоциации в направлении таинства. Ему предшествует намёк на Присутствие. Строка «Перстам неотпускающим, незримым / отдав щепотку боли и пыльцы» предрасполагает к движению поэтической мысли в направлении Воскресения, которое пишется в стихотворении с большой буквы. Не слишком ли для бабочки?

Пожалуй, это было бы действительно слишком, и поэта можно было бы обвинить в напыщенности и чуть ли не кощунстве по отношению к теме Воскресения, если бы не дата, которая меняет всё. Как только раскрываешь её смысл, понимаешь, что возмутившее поначалу слух было «звуком указующим».

Дата 16 октября — это дата второй смерти Лазаря Четверодневного. В Кавсокаливийском кодексе под этой датой указано, что этого святого нужно праздновать господскими праздниками, а не просто праздниками святых. 16 октября также связано с памятью обретения мощей Лазаря. Это событие празднуется 17 октября. По преданию, после воскрешения Лазарь прожил ещё 30 лет и был подвижным, распространяющим христианство на Кипре. К образу Лазаря Ахмадулина обращалась не раз в своём творчестве, по-разному высвечивая эту тему, на чём я подробней остановлюсь в других главах.

Возвращаясь к разговору о календарных датах в стихах Ахмадулиной, отметим, что в стихотворении «Вослед 27-му дню февраля» (1981) появляется такой, казалось бы, странный образ Дня-Божества:

> День-Божество, повремени в окне,
> что до меня — я от тебя не скроюсь.
> В седьмом часу не остаётся дня.
> Красно-сине окошко ледяное.
> День-Божество, вот я, войди в меня,
> лишь я — твоё прибежище ночное.

Во-первых, почему День-Божество? Что в этом дне такого особенного? А во-вторых, что означает эта несколько экзальтированная метафора творческого процесса как непорочного зачатия? К чему такие кручи, такой словесный альпинизм, направленный к Самому? Но Ахмадулина предельно точна — её стиль в полном соответствии со скрытой стороной дела, на которую намекает только календарная дата в названии. От неё и следует отталкиваться тому, кто желает трактовать эти стихи во всей полноте.

27 февраля 1981 года выпадает на день памяти святого равноапостольного Кирилла (Словенского), основателя кириллицы и православия.

> День пред весной, мне жаль моей зимы,
> чей гений знал, где жизнь мою припрятать.
> Не предрекай теплыни, не звени,
> ты мне грустна сегодня, птичья радость.

Здесь птичья, т. е. календарная, радость противопоставлена некалендарной грусти лирической героини, поскольку зима для неё больше, чем просто время года. Многозначностью проникнут каждый образ этого стихотворения, охватывающего, как многие стихи Ахмадулиной этого периода, три измерения — календарное, пушкинское и сакраментальное. Пушкинское измерение выложено образами зимнего дня, солнцемороза, а также символикой цветка Ваньки-мокрого — неизменного спутника лирической героини в стихах, связанных с темой Пушкина. Намёк на Присутствие сквозит во фразе: «Мне жаль того, поверх воды, пути», рождающей ассоциацию с движением по поверхности вод. Здесь же мелькает тема бедствий и благоденствий, отражённых в «развороте небес» («Вновь грозно-нежен разворот небес / в знак бедствий всех и вместе благоденствий»). И венчает всё это мотив воскресения как ключевой для Дня-Божества:

Воскресни же — ты воскрешён уже.
Велик и леп, восстань великолепным.

Всё это обогащает смыслами имплицитный сюжет стихотворения, где кириллица выступает пособником рождения, духом, реализующим вместе с лирической героиней-поэтом День-Божество, давая ему вторую жизнь на странице («Ты дважды жил и не узнал об этом»). Вокруг этого строятся основные ассоциативные связи. Ясно, что поэт, работающий при мерцании свечи, и есть «прибежище» кириллического божественного Дня, соединённого с пушкинским «днём чудесным»: «День хочет быть — день скоро будет — есть / солнце-морозный, всё точь-в-точь: чудесный». Пушкин воскрешён в Дне, и День воскрешён в пушкинских образах, воплотившихся благодаря кириллице. Разумеется, стихи не о Пушкине и не об основателе кириллицы. Они о божественности деяния, его всеохватности и впечатанности в культурный пласт земли. Они о том, что значимей климатических особенностей России и что делает русскую зиму неповторимой в магически-кириллическом кристалле солнцемороза. В этом — залог воскресения русской поэзии и в целом русской литературы и культуры, где кириллица и православие сплетены навеки.

День: 12 марта 1981 года

«День один, день второй, день третий…» Именно к такому ряду относится «День: 12 марта 1981 года». В Ветхом Завете день — герой Сотворения, дитя Творца, интегральное понятие, вбирающее в себя всё, созданное от вечера до утра. Точно так же героем стихотворения «День: 12 марта…» является День, чьё значение неотделимо от даты. В соответствии с православным календарём день 12 марта 1981 года приходится на четверг первой седмицы Великого поста и посвящен Таинству покаяния. Он отмечается покаянными молитвами и воспоминаниями крестной смерти и воскресения Христа. По-видимому, прочтение в природе одной из важнейших страниц истории покаяния, речь о которой пойдёт ниже, и легло в основу сюжетной канвы «Дня: 12 марта…». И не только прочтение — проживание события лирической героиней, сделавшей его частью своего духовного опыта, наполняет новым смыслом имплицитный сюжет покаяния.

В отличие от символистов, выстраивающих строгую систему символов и понятий, знание которых обязательно для понимания подтекста (см. об этом работы Ст. Ильёва), Ахмадулина не кодирует своих произведений, исходя из философских концепций. Как раз наоборот — она старается *раскодировать* реальность, связанную с определённой календарной датой, отыскивая скрытые признаки, по которым восстанавливается связь с неизречённой реальностью.

День 12 марта 1981 года… Сама природа наделяет его сакраментальными деталями. И «стих глядит, что делает природа», пока автор пытается прозреть все знаки и связи, позволяя стиху *быть*, коль тот «тайну сохранит и не предаст словам» («Кофейный чёртик», датировано тем же днём — 12 марта, 1981 г.). Главное — не «предать словам» того, что относится к неизречённой реальности, чтобы не потерять связь с нею.

Слово «День» в стихотворении пишется с прописной буквы, что свидетельствует о его божественном происхождении. Дню присущи «воля» и «стать», которые «пришли сюда, хоть родом не отсюда», а в мир он является как «гость или подкидыш» — его подбрасывает с «холмов» зима под «перья матери-теплыни», берущей начало от земли. Неудивительно, что «черты чужие есть в его красе» — красе снежных высот (снег как символика надмирности). Всё это подготавливает к восприятию Дня как Дитя Создателя, «подброшенного» в мирское пространство для какой-то, пока неведомой нам, цели.

По мере разворачивания сюжета всё очевиднее становится отражённость черт Сына в Дне, чьё восхождение сопровождается противоборством сил, заключая в себе одновременно радость и скорбь. День несёт с собой борение стихий, восход и закат. Силы для вселенских деяний даны ему свыше — они приходят с «холмов» (сакраментальный смысл этой метафоры достаточно прозрачен), откуда он берёт начало. Однако его наречённая земная мать-теплынь опасается за него, потому что думает «не о том, чтó Божие, но чтó человеческое» (Мф. 16:23).

> Дню доставало прирождённых сил
> и для восхода, и для снегопада.
> И слышалось: «О, наречённый сын,
> мне боязно, не восходи, не надо».

Просьба наречённой матери перекликается с просьбой Петра, пытавшегося отговорить Христа от крестной смерти: «И, отозвав Его, Пётр начал прекословить Ему: будь милостив к Себе, Господи! да не будет этого с Тобою!» (Мф. 16:22). В дальнейшем эта перекличка с Петром развивается в скрытый сюжет, трансформируясь из оберегающего голоса «матери-теплыни» в «отрекающийся» голос лирической героини. Такое композиционное разделение «голосов» Петра оправдано поведенческой разнонаправленностью этого апостола — от воистину материнской заботы о Христе до отречения. Это проясняет и метафору *наречённой* матери-теплыни, т. е. неприродно связанной с Днём. Именно эта разница в происхождении и послужила искреннему желанию Петра упасти Христа от крестной смерти. Ответ Христа — «думаешь не о том, что Божие, но что человеческое» (Мф. 16:23) — проясняет как нельзя лучше суть различий Учителя и ученика. То, что Учитель унаследовал при рождении, достанется ученику путём трудного перехода из додуховной ментальности самосохранения в духовную. Ахмадулина отдаёт эту материнскую сторону Петра земной матери-теплыни, беря на себя голос отступничества. За этим просматривается покаяние за родину православия, отрёкшуюся на время от Христа.

У Дня есть и родная мать — зима, понимающая его и способствующая его вьюжному восхождению, чреватому опасностями. Перекличка с восхождением на Голгофу задаёт внутреннее напряжение и библейский драматизм отношениям, складывающимся в природе. Всё движение Дня, его постепенное державное утверждение замешено на мятежности, раскрывающейся в противоборстве стихий и в бунтарском характере «челяди», которую он набирает. Существительное «челядь» ещё более подчёркивает царственность Дня. Сомнений нет — мятежный День приходит в мир как царь, что немедленно ассоциирует его с образом Царя Царей. Предпочитая позёмке буран как стихию небес, а стылой неподвижности — динамику стужи, День словно следует стезёй Того, Кто шёл против устоявшихся догм.

Ему, когда он челядь набирал,
всё, что послушно, явно было скушно.
Зачем позёмка, если есть буран?
Что в бледной стыни мыкаться? Вот — стужа.

Сонм стихий в имплицитном пространстве стихотворения перекликается с изображениями ангелов на иконах. В частности, на известной иконе XVI века «Богоматерь Неопалимая Купина» ближайшие к Богородице ангелы представлены властителями стихий с чашами снега, града и воды. Это ещё больше подчёркивает близость Дня к Сыну. Далее выясняется, что у Дня есть… предтеча. Об этом сказано не прямо и как бы с оглядкой, но именно «оглядка», запинка и привлекает внимание к фразе:

Дня нынешнего пред… — скажу: пред-брат.

Словно спохватившись, лирическая героиня обрывает себя на полуслове, чтобы подыскать то ли более подходящее, то ли менее опасное определение, что сразу же наводит на мысль о запрещённости термина, начинающегося с «пред». День-предтеча подробно описан в стихотворении «Строгость пространства. 11 марта» (1981). Так же как и в «Дне: 12 марта…», параллели между днём одиннадцатым и Иоанном Крестителем устанавливаются за счёт взаимодействия дня с окружающим пространством. Его мощь раскрывается в возведении льдин «в память льдин» («Да ты, я вижу, крут. Там, где вода стояла, / ты льдины в память льдин возводишь впопыхах»), которые вырастают памятниками крещенским морозам, а его умение возводить из воды «умершее былое» и воскрешать «храм, обращённый в прах» («Он строил из воды умершее былое, / как будто воскрешал храм, обращённый в прах») намекает на противостояние строю, разрушившему «храм». К этому добавляются такие типичные для Крестителя характеристики, как суровость, упорство и умение достичь поставленной цели.

Восприятие дня одновременно как гения и злодея уходит корнями в историю отношений Иоанна с последователями и врагами: для одних он был гением, а для других — злодеем. Упоминание верб («доверье верб терзал») достраивает связь с Вербным воскресеньем и Пасхой. Сравнение с поэтом-изгоем («День — выродок из дней, хоть выходец из марта, / один, словно поэт — всегда чужой в роду») поясняется способностью дня говорить на языке, мало кому доступном. Язык его деяний преображает природу, проливающую на землю нетварный Свет:

> Особенный закат он причинил природе:
> уж не было зари, а всё была видна.

Деяния дня сопровождаются «знамениями времён» на небе, о которых говорил Иисус фарисеям и саддукеям: «различать лице неба вы умеете, а знамений времён не можете» (Мф. 16:3). И свойства зари сиять после своего исчезновения, и трагический уход дня вписываются в поле библейских значений.

В «Дне: 12 марта…» предтеча-день порождает лихорадку у лирической героини, проявляющуюся одновременно в физическом (хворь) и духовном (лихорадочное ожидание грядущей зари) плане. Плоть, которая слепа к «красе» и «блеску бытия» и страшится гласа небес, принесённого бурей, поддаётся хвори боязливой. Дух же, напротив, восхищён красой, ниспосланной с высот.

> Хворь — боязлива. Ей невмоготу
> терпеть окна красу и зазыванье —
> в блеск бытия вперяет слепоту,
> со страхом слыша бури завыванье.

Озноб, знаменующий собой противоборство хвори, страха и чаяния перемен, ставит героиню перед выбором между телесным и духовным — постелью и метелью. Параллель с библейской ситуацией достаточно прозрачна —

перед тем же выбором поставлены апостолы в дни гонений на Сына. На этом этапе героиня выбирает постель, временно «отрекаясь» от того, что она так лихорадочно ожидала, трижды мотивируя свой уход разными причинами. В первом случае она ссылается на отсутствие интереса («Дрожать и зубом на зуб не попасть / мне как-то стало вдруг не интересно»). Во второй раз она сваливает вину на пред-брата как источник лихорадки:

> Я было вышла, но пошла назад.
> Как не пойти? Описанный в тетрадке,
> Дня нынешнего пред... — скажу: пред-брат —
> оставил мне наследье лихорадки.

В третий раз она мотивирует свой уход усталостью.

> Устав смотреть, как слишком сильный День
> гнёт сосны, гладит против шерсти ели,
> я без присмотра бросила метель
> и потащилась под присмотр постели.

Все три «отговорки» являются ложными, и в ложности одной из них она тут же кается:

> Минувший день, прости, я солгала!
> Твой гений — добр. Сама простыла, дура,
> и провожала в даль твои крыла
> на зябких крыльях зыбкого недуга.

Покаяние, однако, не меняет модуса её поведения, и «недуг» остаётся при ней, как он остаётся при Петре в момент отречения. «Его отречение — свидетельство его немощи, о которой он сам не ведает и о которой узнает, лишь когда исполняется пророчество Господа», — пишет Олеся Николаева [Николаева 2007: 127—128]. Тем не менее помимо явного покаяния присутствует ещё и скрытое, вербализованное в имплицитных самооценках типа «я без присмотра бросила метель / и потащилась под присмотр постели». Ясно, что идиоматический оборот «бросить без присмотра» имеет негативный оттенок и намекает на самоосуждение за страх плоти (вспоминается: «Бедный я человек! кто избавит меня от сего тела смерти?» (Рим. 7:24)). В метафорическом контексте предпочтение тёплой постели холоду обыгрывает обстоятельства, при которых Пётр, *греющийся у огня* с рабами и служителями, отрёкся от Учителя: «Тут раба придверница говорит Петру: и ты не из учеников ли Этого Человека? Он сказал: нет. Между тем рабы и служители, разведя огонь, потому что было холодно, стояли и грелись. Пётр также стоял с ними и грелся» (Ин. 18:17—18).

Упоминание сильного ветра как второй причины отречения ассоциируется со страхом Петра перед ветром, поднявшимся на море в тот момент, когда он пошёл по волнам.

И ученики, увидев Его идущего по морю, встревожились и говорили: это призрак; и от страха вскричали. Но Иисус тотчас заговорил с ними и сказал: ободритесь; это Я, не бойтесь. Пётр сказал Ему в ответ: Господи! если это Ты, повели мне придти к Тебе по воде. Он же сказал: иди. И, выйдя из лодки, Пётр пошёл по воде, чтобы подойти к Иисусу, но, видя сильный ветер, испугался и, начав утопать, закричал: Господи! спаси меня. Иисус тотчас простёр руку, поддержал его и говорит ему: маловерный! зачем ты усомнился? И, когда вошли они в лодку, ветер утих (Мф. 14:26—33).

Как видим, и холод Дня, и желание согреться, и уход проигрывают библейскую ситуацию с максимальной эмоциональной включённостью героини, испытывающей все оттенки чувств — от восхищения до страха и раскаяния. Ассоциации с заточением и казнью усиливаются образом решётки. Сквозь неё героине явлена «сияющая весть о чём-то высшем», но видение не вдохновляет её, а порождает скорбь.

> О, как сквозь чернь берёзовых ветвей
> и сквозь решётку... там была решетка —
> не для красы, а для других затей,
> в честь нищего какого-то расчёта...
> сквозь это всё сияющая весть
> о чём-то высшем — горем мне казалась.

«Кажущееся» горе — свидетельство внутренней неготовности узреть благость вести, которая будет явлена позже.

Возвращение героини происходит на закате, встречающем её прощальным и тихим песнопеньем.

> Проснулась. Вышла. Было семь часов.
> В закате что-то слышимое было,
> но тихое, как пенье голосов:
> «Прощай, прощай, ты мной была любима».

К кому это обращение? В стихотворении чужая речь звучит дважды. В первый раз — в связи с боязнью наречённой матери: «О, наречённый сын, / мне боязно, не восходи, не надо». Выразив беспокойство за наречённого сына, теплынь выказала ему свою преданность. Та же боязнь передалась героине, спроецировавшей трагизм ухода на себя и не пожелавшей жертвовать собой. Точно так же и Пётр, искренне пытавшийся упасти Учителя от казни, перенёс в дальнейшем эту боязнь на страх за себя. Понимая корни страха, идущего от земного сознания, Иисус прощает своего ученика. Следуя этой парадигме, можно предположить, что в стихотворении прощальные слова любви обращены к двум ипостасям Петра — материнской и отступнической.

Покаянными слезами героини («Мороз: слезу содеешь, но не выльешь») завершается созерцание уходящего Дня. «Покаянные слёзы становятся неким жертвенным приношением Господу», — пишет Николаева. «Только Бог отрёт всякую слезу с очей (Откр. 7, 17). Однако эти очистительные слёзы должны пролиться и стать выражением совершённого покаяния» [Николаева 2007: 131—132]. «Содеянная» слеза, схваченная морозом (ипостасью высот), застыла совершённым покаянием, во «внутренних очах», которое выльется в стихах.

Вопрос Воскрешения — ключевой в жизнеописании Спасителя. Ключевой он и в стихотворении о скончавшемся Дне. Провожая День, лирическая героиня раздумывает о том, обернётся ли его кончина «крахом» или «кануном любви» (иными словами, продлится ли его существование в царстве тетради).

> О День, ты — крах или канун любви
> к тебе, о День? Уж видно мне и слышно,
> как блещет в небе ровно пол-луны:
> всё — в меру, без изъяна, без излишка.

«Канун любви» в библейских терминах намекает на время *до* Явления Христа ученикам при море Тивериадском и Его троекратного вопроса о любви, обращённого к Петру.

После того опять явился Иисус ученикам Своим при море Тивериадском. Явился же так: были вместе Симон Пётр, и Фома, называемый Близнец, и Нафанаил из Каны Галилейской, и сыновья Зеведеевы, и двое других из учеников Его. Симон Пётр говорит им: иду ловить рыбу. Говорят ему: идём и мы с тобою. Пошли и тотчас вошли в лодку, и не поймали в ту ночь ничего (Ин. 21:1—3).

Словно обыгрывая эту ситуацию «кануна», лирическая героиня ищет приметы воскресшего дня в «кануне луны». Пол-луны, воссиявшей в небе, служит тайным обещанием грядущего полнолуния. Наличие полнолуния — необходимое условие для творчества, объединяющего луну «земную» и духовную («Я… округлю твой свет, / чтоб стала ты полней, чем знает полнолунье», — написала Ахмадулина в «Луне от ревнивца», 4—5 марта 1984 года.) Духовная луна восходит к Пасхе, которая празднуется в первое воскресенье после весеннего полнолуния. Как пространственное отражение Логоса, День под пером поэта может воскреснуть только в условиях творческого «полнолуния».

Смена восприятия кончины Дня с горестного на радостное (слеза, любующаяся «скончаньем Дня») связано с песнопением, знаменующим прощение героини. День прощается с матерью-теплынью и с ней, уверяя обеих в своей любви. Его «прощание» созвучно прощению.

Заверение в любви звучит инверсией диалога Христа и Петра, когда Иисус, явившись Петру, трижды вопрошает его:

Когда же они обедали, Иисус говорит Симону Петру: Симон Ионин! любишь ли ты Меня больше, нежели они? Пётр говорит Ему: так, Господи! Ты знаешь, что я люблю Тебя. Иисус говорит ему: паси агнцев Моих. Ещё говорит ему в другой раз: Симон Ионин! любишь ли ты Меня? Пётр говорит Ему: так, Господи! Ты знаешь, что я люблю Тебя. Иисус говорит ему: паси овец Моих. Говорит ему в третий раз: Симон Ионин! любишь ли ты Меня? Пётр опечалился, что в третий раз спросил его: любишь ли Меня? и сказал Ему: Господи! Ты всё знаешь; Ты знаешь, что я люблю Тебя. Иисус говорит ему: паси овец Моих (Ин. 21:15—17).

В стихотворении День не вопрошает, но вместо этого дважды повторяет слова прощания, а в третий раз заверяет лирическую героиню в любви. Самое главное заверение Христа в любви к своим ученикам было сделано во время Тайной вечери: «Заповедь новую даю вам, да любите друг друга; как Я возлюбил вас, *так* и вы да любите друг друга» (Ин. 13:34).

Заверение Христа в любви к Петру было выражено и в той миссии, которой Он наделил Петра, сделав его *пастырем овец* и тем самым подтвердив власть Петра над земным. Слова о любви, переданные в пенье голосов во время скончанья Дня, также являются залогом возвращения лирической героини роли «пастыря» своих произведений. В результате покаяния ей открывается благость «сияющей вести»: День-сын принят своим Отцом, назван «Божьим» и наделён свойствами Творца.

> Я ничего не знаю и слепа.
> А Божий День — всезнающ и всевидящ.

Дни февраля: три сюжета
в поэме Беллы Ахмадулиной
«Род занятий»

Поэма «Род занятий» (1982) в наибольшей полноте вобрала в себя идеи тарусских размышлений Ахмадулиной. Ещё в юности эта мини-поэма привлекла меня, студентку одесского филфака, своим таинственным сюжетом. Что там на самом деле происходит? Почему лирическая героиня постоянно мечется по дому, заглядывая то в одно окно, то в другое, и зачем бежит куда-то на заре, что выискивает в небе? И что за странные отношения между нею, луной, зарёй, домом и прочими предметами окружающего её мира, которые вступают с ней в контакт, конфликтуют, что-то замышляют, о чём-то умалчивают? Драма идёт по нарастающей, а в чём суть — разобраться сложно, если подходить с общепринятыми мерками.

В сюжетном плане (любое стихотворение имеет сюжет — более или менее размытый) ясно лишь одно — речь идёт о рукописи, которую лирическая героиня сжигает, а конкретнее — о неудавшихся стихах, написанных ею к юбилею смерти Пушкина. Но о посвящении прямо не говорится, имя Пушкина выводится из контекста («стихотворенье о десятом / дне февраля»). Прямо сказано лишь о Сретенье Господнем, дата которого также даётся в начале («пятнадцатый почат / день февраля»).

Ну и какое это имеет отношение к стихам о Пушкине?

В поэме всё выстраивается вокруг познания. Нет, не познания себя и не познания в смысле обретения знаний, хотя и то и другое имеет место. У Ахмадулиной это прежде всего *познавание* того, как «прозревать» материальную оболочку вещей и явлений, как угадывать Присутствие и затем нести его в поэзию. Тема творчества и Сретенья связаны именно так в поэме. Поэтому, хотя разговор начинается с задач писательского толка, их решение уводит в сферу сакраментальную, направленную на то, как открыть «внутренние очи» и приблизить сретенье с Таинством на листе и в жизни.

Полифоническое звучание поэмы обусловлено двумя датами, обозначившими как смысловые границы текста, так и динамику переплетения этих смыслов. Три основных мотива — пушкинский, библейский и мотив писаний — легли в основу трёх мини-сюжетов, пересекающихся и переплетающихся в древе поэмы. Каждый из сюжетов опирается на свою символику, но воспринятые вместе, они звучат богатыми аккордами в этой оркестровой сюите Сретенья Слова и Поэта.

Сюжет первый: Сретенье с Пушкиным
Две даты: сюжет

Даты 10 и 15 февраля выстраивают сюжет поэмы Ахмадулиной «Род занятий», включая завязку, кульминацию и развязку, определяя начальный и конечный момент путешествия лирической героини.

> Упорствуешь. Не хочешь быть. Прощай,
> моё стихотворенье о десятом
> дне февраля. Пятнадцатый почат
> день февраля. <…>

Действие располагается между десятым и пятнадцатым февраля. Смысл второй даты оговаривается в тексте:

> В одну лишь можно истину вглядеться:
> тот ныне день, в который Симеон
> спас смерть свою, когда узрел Младенца.

Речь идёт о Сретенье Господнем, которое отмечается 15 февраля. Лирическая героиня направлена на эту встречу всеми помыслами, но помимо этого есть ещё и другая встреча, которую она вынашивает и к которой движется по страницам рукописи на протяжении пяти дней.

Имя того, с кем она желает встретиться в пространстве прозрений и знамений, закодировано в первой дате. Значение этой даты не раскрывается в тексте, но в этом нет нужды. Десятое февраля — день смерти Пушкина. Предполагается, что читатель знаком с этой датой, равно как и с тем, какое место занимает Пушкин в творчестве Ахмадулиной.

Движение от одной даты к другой происходит по изорванным клочкам рукописи. Над какими именно стихами работает лирическая героиня в эти дни, можно легко догадаться. Конечно же, предмет её неудавшегося посвящения — Пушкин. Ахмадулина, никогда не писавшая датских стихов, наделяет тем же качеством свою лирическую героиню, являющуюся её «художественным двойником». Как явствует из сюжета, общественность ожидает от неё чего-то типа оды на жизнь и творчество кумира, но ничего, что бы потрафило вкусам публики, она создать не может и в конечном итоге разрывает и сжигает плоды пятинощных бдений.

Метасмысл Сретенья Господня — во встрече Ветхого и Нового Завета, лунного и солнечного календарей и души с Богом. В поэме встреча души с Богом даётся как движение души Поэта к Спасителю. Дата смерти Пушкина, отмечающаяся по новому стилю за несколько дней до Сретенья, формирует одну из сюжетных линий поэмы. Шаг за шагом Ахмадулина ведёт Поэта к Встрече с Тем, «чьё имя — Тайна» («Февральское полнолуние», 1982).

Ванька-мокрый, луна и заря
в сюжете смерти Пушкина

Следы Пушкина рассыпаны как в зримой, так и в скрытой части поэмы, где разыгрывается сюжет его смерти на языке символов и знамений. Первым знамением приближающегося несчастья становятся строки: «Десятое. Темно. / Тень птичьих крыл метнулась из оврага». Ему вторит следующее знамение: «Нет, Ванька-мокрый не возжёг цветка». Существенность последнего раскрывается в связи с происхождением цветка.

Ванька-мокрый — бальзаминовое растение, имеющее много разных названий в различных культурах, — перекочевал в Россию из Африки. Иногда он в шутку зовётся африканским жителем. В пушкинском окне дома африканское происхождение цветка в сочетании с его русским именем предстаёт цветочной моделью родословной Пушкина, зачастую фигурирующего в произведениях Ахмадулиной как «африканец». Ахмадулина любовно называет Пушкина то «вседобрым африканцем небывалым» («Клянусь», 1968), то «русым» африканцем, подчёркивая его двойственное происхождение («Зимняя замкнутость», 1965). Об «оборотнической» природе Ваньки-мокрого Ахмадулина с нежностью пишет в стихотворении «Печали и шуточки: комната» (1982): «где мой царевич, оборотень мой, / цвёл Ванька-мокрый, мокрый и воспетый...» Оборотничество предполагает человеческую ипостась наряду с животной. У Ахмадулиной это человеческая ипостась наряду с цветочной. В том же стихотворении она подтверждает наличие человеческого облика у Ваньки-мокрого, давая понять, что он «не из растений»:

> Ах, Ванька мой, ты — все мои сады.
> Пусть мне простит твой добродушный гений,
> что есть другой друг сердца и судьбы:
> совсем другой, совсем не из растений.

Нерастительный характер Ваньки-мокрого подчёркнут в «Роде занятий» его пространственной сближенностью с образами чернил, лампы и свечи:

> Я оглянулась, падая к Оке.
> Вон там мой Ванька, там мои чернила.
> Связь меж луной и лампою в окне
> так коротка была, так очевидна.

В «Свете и тумане» содержится утверждение о том, что Ванька-мокрый оживает на сочетании «рубина и малины». Символика этих цветов восходит к сакраментальной сфере[2]. Именно на этом сочетании и оживает её Пушкин. В «Роде занятий» «Ванька-мокрый не возжёг цветка», поскольку в пушкинском окне дома наступление зари десятого февраля означает весть о скорой кончине поэта. Этим обусловлена тревога лирической героини, мечущейся между луной и зарёй как вестниками ухода и одновременно восхода в иных сферах друга «сердца и судьбы».

В контексте парадигмы «умирающий Пушкин» раскрываются новые смыслы уже знакомых объектов и явлений. Прежде всего это касается пространственного оксюморонного образа «черным-бела Ока». В пушкинском окне дома этот образ трансформируется в место дуэли Пушкина — Чёрную речку, покрытую февральским снегом. Сразу же после зловещего явления Оки луна исчезает, словно подтверждая эту скрытую гибельную связь. «Обратное окно», к которому устремляется лирическая героиня в надежде

---

[2] Подробнее о сакраментальной символике этих цветов я пишу в главе «Соседка капля — капле не близнец...».

увидеть луну, символизирует запредельность, в которую нельзя проникнуть «очами телесными».

Я ринулась к обратному окну:
— А где луна? — ослепнув от мороза,
оно или не видело луну,
или гнушалось глупостью вопроса.

Ослепляющий мороз проступает как занебесный образ «солнцемороза», где свечение исходит не от внешнего источника, а из внутренних свойств мороза — ипостаси Светоча. Интересна также двойственная природа догадок героини по поводу того, куда делась луна. Одно из предположений — луна не видна из этого окна («оно или не видело луну»); другое — луна за пределами зримого («или гнушалось глупостью вопроса»). Предположения отражают два типа ментальности — ментальность материального мира с присущим ему ограниченным видением и ментальность, настроенную на духовное измерение. Фраза «ослепнув от мороза» сближена с фразеологическим оборотом «ослепнуть от слёз», что подчёркивает скорбность момента и безвозвратность ухода луны. Следующий вопрос — «Где раболепных букв и запятых / сокрылся самодержец и проситель?» — также остаётся без ответа, но он относится уже не к пропавшей луне, а к умирающему поэту. И в этом намечено их сближение и намёк на то, что луна — ещё одна пушкинская ипостась.

Далее знамения смерти сменяются знамениями воскресения. Прежде всего это касается символики трёх огней, сопровождающих луну в качестве её ангелов-хранителей («Луну сопровождали три огня»). Как все прочие детали, и эта имеет несколько значений в разных окнах дома. В пушкинском окне значение восходит к трём фигурам, несущим вахту у постели умирающего Пушкина: домашний врач Иван Спасский, друг и секундант Пушкина Константин Данзас и Владимир Даль. В сакраментальном пространстве библейского окна «сопровождающие» Пушкина в инобытие «охранители» отображаются в небесах священной тройственностью свечений.

Приход зари ознаменован надеждой, которую лирическая героиня читает в едва различимых оттенках «не-цвета».

> А там внизу, над розовым едва —
> (ещё слабей... так будущего лета
> нам роза нерасцветшая видна
> отсутствием и обещаньем цвета...

Картина знамений дана в образах, перекликающихся с христианской символикой розы и обещания лета. Певец неувядающей розы ещё не выкристаллизовался окончательно на умопостигаемом небосклоне, но уже ясно, что он грядёт на смену умирающему певцу луны.

> ....
> в какое слово мысль ни окунём,
> заря предстанет ясною строкою,
> в конце которой гаснет огонёк
> в селе, я улыбнулась, за рекою...)

Улыбка лирической героини — почти материнская — обращена к юношескому стихотворению Пушкина «Вишня» (1815), цитата из которого входит в строфу о заре:

> Румяной зарёю
> Покрылся восток,
> *В селе за рекою*[3]
> Потух огонёк.

Смысл этой цитаты не только в том, чтобы вновь намекнуть читателю, о ком идёт речь, но и в том, чтобы показать, что Пушкин, навечно вписанный в литературные небеса, являет себя в закате и рассвете небес природных. (О другом

---

[3] Курсив мой. — *В. З.*

значении этой цитаты будет говориться в главе «Запечатлеть Присутствие».) Истаивающая жизнь певца луны на заре десятого февраля передана фразой «В луне осталось мало зримых свойств». Метафора кончины появляется «через одиннадцать часов», т. е. когда певца луны уже нет в этом мире. Соответственно, бывшая с утра на небосклоне луна описана как «робкий круг, *усопший* средь лесов» (курсив мой. — *В. З.*).

С точностью до часа фиксирует лирическая героиня перемены, связанные с луной 10 февраля. Это на удивление педантичное повествование обыгрывает стиль письма Жуковского с подробными ссылками на время: «Я покинул его в 5 часов и через два часа возвратился в 7-м, то есть через два часа» [Жуковский 1960: 613]. У Ахмадулиной читаем о луне:

А час? Седьмой, должно быть, и весьма.
Уж видно, что заря неотвратима.

Совпадает не только время, но и ощущение неотвратимости, переданное также и в записи Жуковского, который сразу же за этим добавляет: «Видев, что ночь была довольно спокойна, я пошёл к себе почти с надеждою, но, возвращаясь, нашёл иное. Арендт сказал мне решительно, что всё кончено и что ему не пережить дня. Действительно, пульс ослабел и начал упадать приметно; руки начали стыть» [Там же: 613]. «Не пережить дня» — это заключение становится подтекстом заявления лирической героини о том, что «заря неотвратима».

Несомненно, записки Жуковского были тем впечатлением, от которого отталкивалась Ахмадулина, воспроизводящая трагедию луны в этот роковой день. «В девять часов без четверти она / за паршинское канула заснежье. Ей нет возврата». Строка «Ей нет возврата» звучит отголоском онегинского «Мечтам и годам нет возврата», что усиливает ассоциацию с умирающим поэтом. Здесь уже время фиксируется не приблизительно, а с точностью до минут. Сравним это с тем, что пишет Жуковский о приближающейся кончине Пушкина: «Ударило два часа пополудни, и в Пушкине осталось жизни на три четверти часа» [Жуковский 1960: 614]. В поэме для луны сохраняются те самые «роковые» «три четверти часа», которые Пушкин прожил, скончавшись в 14:45.

Как было упомянуто, вечером десятого февраля луна появляется на небосклоне «через одиннадцать часов», т. е. в 19:45. Поэт уже отошёл в мир иной, и присутствующие в описании «три четверти часа» становятся символикой остановленного времени на пушкинских земных часах. Тем не менее история с луной продолжается. Осиротевшая луна возникает на небосклоне в новом качестве — беспризорницы:

> <...> Предалась
> не пушкинским, а беспризорным бесам.

Имя Пушкина в первый и последний раз появляется именно в этой части поэмы, усиливая мотив сиротства литературных небес. Горе луны так велико, что она готова обрушиться «пеклом» на мир, отобравший у неё певца.

Однако если минутное время сохранено в поэме за Пушкиным, то час («девять часов без четверти»), когда луна безвозвратно «за паршинское канула заснежье», перекликается в контексте Сретенья с часом смерти Христа.

> а около девятого часа возопил Иисус громким голосом: Или, Или! лама савахфани? то есть: Боже Мой, Боже Мой! для чего Ты Меня оставил? (Мф. 27:46).

Так накладывается пушкинское время на библейское, и в этом усматривается намёк на мученическую смерть поэта — светоча литературных небес. В поэме исчезновение луны продлевает цепь ассоциаций к лунному затмению во время казни Христа, воспоминание о которой является частью Сретенья. Например, Распятие сопровождается землетрясением. Образ выпуклого пекла («В тот день через одиннадцать часов / явилась пеклом выпуклым средь сосен») — т. е. вулканически вздымающегося, рвущегося наружу ада, — сближен с картиной взбунтовавшегося мира усопших:

И вот, завеса в храме раздралась надвое, сверху донизу; и земля потряслась; и камни расселись; и гробы отверзлись; и многие тела усопших святых воскресли и, выйдя из гробов по воскресении Его, вошли во святый град и явились многим. Сотник же и те, которые с ним стерегли Иисуса, видя землетрясение и всё бывшее, устрашились весьма и говорили: воистину Он был Сын Божий (Мф. 27:51—54).

Упоминание нетей, в которых укрывалась луна «к полуночи» («Укрылась в мутных нетях»), звучит отголоском «пелен», которыми к вечеру обвили тело Христа.

Когда же настал вечер, пришел богатый человек из Аримафеи, именем Иосиф, который также учился у Иисуса; он, придя к Пилату, просил тела Иисусова. Тогда Пилат приказал отдать тело; и, взяв тело, Иосиф обвил его чистою плащаницею (Мф. 27:57—59).

Тринадцатое и четырнадцатое число проходят «безлунно» для лирической героини. Это соответствует трауру в пушкинском и библейском окнах дома. Безрадостно проходит суббота и первая половина воскресенья после казни Христа вплоть до известия о Воскресении. Воскресению в поэме соответствует возвращение луны в ином облике. Она водружается на небосклоне в понедельник («На понедельник Сретенье пришлось»), откликаясь на чей-то зов.

Зов слышался... нет, просьба... нет, мольба.

Впечатление, что зовущий находится в зоне, недосягаемой для зрения. В библейском контексте мольба перекликается с мольбой Марии к мнимому садовнику вернуть ей тело Христа.

Иисус говорит ей: жена! что ты плачешь? кого ищешь? Она, думая, что это садовник, говорит Ему: господин! если ты вынес Его, скажи мне, где ты положил Его, и я возьму Его (Ин. 20:15).

Мария поначалу не узнаёт Сына. Так же и лирическая героиня поначалу не узнаёт своей луны, вопрошая: «Что с нею сталось?» И ставит под сомнение реальность встречи:

Иль то усталость моего же лба,
    восплывши в небо, надо мной смеялась?

Мистическая потеря способности узнать то, что ранее было знакомо, смыкается в пушкинском поле с впечатлениями Жуковского, сидящего у постели только что скончавшегося Пушкина:

Так тихо, так таинственно удалилась душа его. Мы долго стояли над ним молча, не шевелясь, не смея нарушить великого таинства смерти, которое свершилось перед нами во всей умилительной святыне своей.
<...> Но что выражалось на его лице, я сказать словами не умею. Оно было для меня так ново и в то же время так знакомо! Это было не сон и не покой! Это не было выражение ума, столь прежде свойственное этому лицу; это не было также и выражение поэтическое! нет! какая-то глубокая, удивительная мысль на нём развивалась, что-то похожее на видение, на какое-то полное, глубокое, удовольствованное знание. Всматриваясь в него, мне всё

хотелось у него спросить: «Что видишь, друг?» И что бы он отвечал мне, если бы мог на минуту воскреснуть? Вот минуты в жизни нашей, которые вполне достойны названия великих. В эту минуту, можно сказать, я видел самоё смерть, божественно тайную, смерть без покрывала. Какую печать наложила она на лицо его и как удивительно высказала на нём и свою и его тайну. Я уверяю тебя, что никогда на лице его не видал я выражения такой глубокой, величественной, торжественной мысли. Она, конечно, проскакивала в нём и прежде. Но в этой чистоте обнаружилась только тогда, когда всё земное отделилось от него с прикосновением смерти. Таков был конец нашего Пушкина [Жуковский 1960: 615].

Это детальное описание краткого мига созерцания запредельности, проступившей в новом облике умершего поэта, возвращает память к сцене встречи с Христом, явившимся матери и ученикам в новом облике. Вскоре испуг их сменяется «великою радостию» (Лк. 24:52), и то же происходит и с узнавшей луну лирической героиней. Её лёгкое и радостное восхождение на холм — свидетельство духовного восхождения, сменившего «восхода недостаток», с которого начиналась поэма:

> Но весело взбиралась я на холм.
> Испуг сорочий ударял в трещотки.
> И пышущих здоровьем и грехом,
> румяных лыжниц проносились щёки.

Сретенье завершает поиск и кладёт конец мытарствам лирической героини, которая движется к своему детищу-стихотворению, как некогда Симеон шёл к своей песне. Строки «Склонись ко мне, о Ты, кто сорока / дней от роду мог упокоить старца» воскрешают в памяти историю Сретенья, когда Симеон Богоприимец, живший около трёхсот лет, наконец выполнил свою миссию «узревания» Младенца, бывшего сорока дней от роду, в Иерусалимском храме. Тогда он произнёс слова, известные впоследствии как «Песнь Симеона Богоприимца».

Пять дней, отделяющие Сретенье от даты смерти Пушкина, напоминают также и о пятидневном пребывании тела Пушкина в мире. В поэме это время разворачивается как движение Певца луны к Спасителю. И каждый момент этого движения зорко фиксируется лирической героиней, слагающей свою песнь.

Вот как пишет о последнем дне прощания с Пушкиным Жуковский в письме к С. Л. Пушкину от 15 февраля 1837 года:

> 3 февраля в 10 часов вечера собрались мы в последний раз к тому, что ещё для нас оставалось от Пушкина; отпели последнюю панихиду; ящик с гробом поставили на сани, сани тронулись; при свете месяца несколько времени я следовал за ними; скоро они поворотили за угол дома; и всё, что было земной Пушкин, навсегда пропало из глаз моих [Жуковский 1960: 616].

Словно заглядывая «за угол дома» и продолжая следить за движением уже неземного Пушкина, Ахмадулина «разгадывает» направление саней: освещаемый лунным светом поэт движется к своему Сретенью, как Адам движется к Сыну Божьему. Эту встречу Ахмадулина кропотливо выстраивает в поэме, создавая все зримые и незримые условия к тому, чтобы сретенье состоялось. Искусно развивая и сплетая сюжетные линии, она сводит их в полифоническое единство Встречи.

«Взрослея, душа обращается к Пушкину, страстно следит за ним, берёт его себе, и этот поиск соответствует поиску собственной зрелости», — обобщает свой опыт общения с Пушкиным Ахмадулина в эссе «Вечное присутствие». Остаётся только добавить, что количество строф в поэме равняется тридцати семи — по годам жизни Пушкина.

Сюжет второй: Сретенье небесных светил
Библейский план поэмы «Род занятий»

15 февраля, обозначившее конечную дату «пятинощных» мытарств лирической героини «Рода занятий», приходится на празднование Сретенья Господня. Это уточняется в конце поэмы, когда лирическая героиня «взбирается на холм». Событие Сретенья как пошаговое развёртывание одной из сюжетных линий формирует образную систему библейского плана поэмы.

> В сей день покаюсь пред прошедшим днём.
> Как ты велел, мой лютый исповедник,
> так и летит мой помысел о нём
> черемуховой осыпью под веник.
>
> Печально озираю лепестки —
> клочки моих писаний пятинощных.
> Я погубитель лун и солнц. Прости.
> Ты в этом не повинна, печь-сообщник.

Мотив покаяния и прощения в начале «дня пятнадцатого» — отголосок Прощёного воскресенья, отмечающегося 14 февраля. Вопрос, в чём именно кается лирическая героиня и кто же этот «лютый исповедник», решается в писательской плоскости. Поскольку исповедь поэта — это его стихи, то исповедник — это лист бумаги, к которому лирическая героиня относится с почтением и трепетом. Многие понятия и образы несут на себе отсвет значений, прямо или косвенно связанных со Сретеньем. Вспомогательный образ окон дома, в котором обитает лирическая героиня, даёт возможность лучше сориентироваться читателю, наблюдающему её перемещения.

Окна призваны являть не только разный ландшафт, но и разные пространства. Имеется в виду пространство действия (местность на берегу Оки) и имплицитное пространство, включающее в себя библейские (Сретенье) и литературные (Пушкин) аллюзии. Так, боренья луны и солнца выстраивают конфликт, который в библейском окне дома закреплён за борением лунного календаря (иудаизм) с солнечным (христианство). За луной закреплены пятинощные писания: с неё они начинаются («Ещё пишу: всё началось с луны») и на ней завершаются. С зарёй связаны чаяния и благие вести.

В контексте Ветхого Завета «пятинощные писания» перекликаются с «Пятикнижием», включающим в себя Бытие, Исход, Левит, Числа и Второзаконие. Мотивы Сотворения, Исхода, правил взаимодействия тварного мира и Создателя, соотношение Единственности и множества причудливо переплетаются в имплицитном пространстве поэмы, представляющем разветвлённую систему отношений библейских символов, образов и понятий. Начальным мотивом становится инверсия мифа о Сотворении: попытка лирической героини воссоздать в слове картину «десятого дня» терпит фиаско. Остальные мотивы, включающие и ключевой мотив исхода, о котором будет говориться ниже, также даны завуалированно.

Утренние надежды, чаяния и благие вести восходят к Евангелию. Свет «слабее розового» явлен лирической героине как первая благая весть на заре («А там внизу, над розовым едва — / (ещё слабей...)»). Он не имеет имени, поскольку выступает атрибутом неизречённой реальности. Умопостигаемая сущность света описана понятийно — через символы розы, зари и обещания восхода и расцвета: «так будущего лета / нам роза нерасцветшая видна / отсутствием и обещаньем цвета...» «Обещание» — ключевое слово, намекающее на Присутствие. Оно (обещание) несёт в себе невербализованную, но логически выводимую мысль о том, что раз есть «обещание», значит есть и *чаяние*. В контексте Сретенья важно и то и другое. Роза, обещание и чаяние выстраивают триединство, связывающее текст и подтекст образом

Христа-младенца, который станет зримей в конце поэмы, построенной по типу медленно раскрывающегося бутона («тот ныне день, в который Симеон / спас смерть свою, когда узрел Младенца»).

Заря первого дня делает с лирической героиней то же, что и с луной: обе исчезают из поля зрения и появляются только через одиннадцать часов («В тот день через одиннадцать часов / явилась пеклом выпуклым средь сосен…»). Описание мятежной луны одиннадцатого дня это, с одной стороны, небесная проекция внутреннего состояния лирической героини, переживающей разлад с собой — со своими различными ипостасями (окно пространства действий). Другое значение восходит к Христу, с которым связана смена календаря с лунного на солнечный[4]. Утренняя заря предстаёт как заговорщик, замышляющий свержение луны, что ассоциируется с противоборством солнца и луны как двух типов календарей, закреплённых за двумя религиями. У зари есть сообщник — главнейшее окно в доме, открывающее вид на зарю («Не зря мое главнейшее окно / я в близости зари подозревала»). Само по себе это уже символично и свидетельствует о предпочтениях лирической героини и дома.

Тайный заговор главнейшего окна с зарёй, казалось бы, направлен и против лирической героини, которая пытается представить себя поклонницей луны. Однако не всё так просто в её подлунном королевстве. О своих настоящих предпочтениях она невзначай «проговаривается» в процессе рассказа о нерасцветшем цветке: «Жадней меня он до зари охотник». Так, опосредованно, через сравнение с ветком, проступает истинное положение дел: лирическая героиня также «жадна» до зари. Это скрытая — «обратная» — сторона её, присущая также и луне, и дому, имеющему «обратное

____

[4] О пушкинском контексте этих образов см. главу «Сретенье с Пушкиным» в этой книге.

окно», обращённое в мир сокрытого («Я ринулась к обратному окну: / — А где луна?»).

Постепенно раскрывается мир потайных ходов и закулисных отношений дома и внешнего пространства, где никому нельзя до конца доверять. Луна не может не заметить «измены» того, кто должен был быть преданным пажом в её свите. Она достаточно проницательна, чтобы не понять смысл метаний лирической героини, под предлогом «дозора» перебегающей от одного окна к другому в тайном чаянии зари. И луна начинает гневаться. Поначалу она просто скрывается. Затем, спустя одиннадцать часов, появляется вулканически преображённой, и к началу вторых суток её бешенство достигает апогея. Намёк на то, что именно привело луну в состояние безудержного гнева, содержится в описании рассвета того же дня, принёсшего на своих крылах Единственность как царицу несказанного мира.

Попытка «раба» «расшифровать» таинственное свечение при помощи астрономических понятий звучит пародийно и воскрешает в памяти попытки литературоведов определить, какая именно звезда имелась в виду Пушкиным в его элегии, первоначально названной «Таврическая звезда» («Редеет облаков летучая гряда. / Звезда печальная, вечерняя звезда!»). «Что это за звезда? Ответ едва ли может теперь представить какую-либо трудность. Конечно — Юпитер», — пишет В. В. Вересаев. «По яркости, он следует непосредственно за Венерой» [Вересаев 2000: 137].

В «Роде занятий» читаем:

> Где валенки? Где двери? Где Ока?
> Ум неусыпный — слаб, а любопытен.
> Луну сопровождали три огня.
> Один и не скрывал, что он — Юпитер.

Гипотезы по поводу пушкинской звезды удивительно пересекаются с гипотезами по поводу другой звезды —

Вифлеемской. Учёные также выдвигали ряд научных теорий о том, чем была Вифлеемская звезда «на самом деле». По одной из таких версий, необычное свечение возникло в результате слияния Венеры и Юпитера. В поэме попытка найти физический источник «блеска» сменяется пониманием его нефизических свойств, что отражено и в описании свечения, которое было «сильней и ниже остального неба». Под «остальным» нужно понимать «лице неба»: «Лицемеры! Различать лице неба вы умеете, а знамений времён не можете?» (Мф. 16,3). Можно говорить о том, что лирическая героиня созерцала «лице неба» до того момента, как ей открылись «знамения времён».

Лирическая героиня возвращается с Оки преображённой, и после этого наступает фаза, связанная с новым исходом. Напомним, что первый исход из дома был обусловлен желанием отыскать луну духовную и избавиться от раба в крови. Вместо этого лирическая героиня наблюдает зарю. Впечатление от необычного свечения столь сильно, что она забывает о цели своего бегства к Оке. Возвращение не способствует активизации её творческих сил. Напротив, два дня она пребывает в состоянии творческого застоя («Безлунно и бесплодно дни текли»). Но это кажущийся застой, связанный с ожиданием (13-й и 14-й день), которое в библейском контексте звучит эхом ожидания Симеона.

> Устала я. Мозг застлан синевой.
> В одну лишь можно истину вглядеться:
> тот ныне день, в который Симеон
> спас смерть свою, когда узрел Младенца.

Там же упоминается некий «старый господин», ругающий «матерьялизм седин». Слово «господин» нетипично для того времени, когда писалась поэма. Оно сразу же переводит действие в другой временной пласт, словно «старый господин» относится к временам Симеона или является ещё одним сретенским напоминанием о Симеоне. Усталость лирической героини, порождённая бесплодными ночными бдениями, поставлена в один контекст с усталостью Симеона, прожившего 300 лет в ожидании Младенца. Восхождение на холм наряду с физическим («румяных лыжниц проносились щёки») олицетворяет восхождение духовное, подготовленное всем ходом поэтапной внутренней трансформации лирической героини, «узревшей», наконец, своего Пушкина и свою луну.

Сюжет третий: Запечатлеть Присутствие
В мастерской Беллы Ахмадулиной

Отправной точкой или завязкой третьего сюжета является сожжение рукописи. В развязке, по идее, должно было бы быть разрешение этого писательского конфликта. Вопреки ожиданиям, вместо разговора о новой поэме в конце находим упоминание о Симеоне и некоем «старом господине», ругающем «матерьялизм седин», приведший к «бесполезности книги». Это и есть развязка. Только в отличие от традиционной, её нужно самостоятельно увязать с началом.

Пройдя весь путь вместе с лирической героиней, понимаешь лучше смысл аналогии с Симеоном, узревшим наконец Младенца и сотворившим свою «Песнь». «Песнь Симеона» — это сочетание духовного прозрения и приобщения к Таинству.

На засилье мертворождённых книг, идущих от материалистической ментальности, сетует «старый господин»:

> Со мной в соседях — старый господин.
> Претерпевая этих мест унынье,
>
> склоняет он матерьялизм седин
> и в кушанье, и в бесполезность книги.

Удалось ли лирической героине преодолеть «матерьялизм седин»? Переход от ментальности раба (так Ахмадулина окрестила одну из писательских ипостасей своей лирической героини) к духовным очам не совершается одним скачком. Здесь должна быть продуманная система поэтапных преобразований, которые нашли своё отражение в поэме.

Почти каждый из нижеперечисленных принципов так или иначе соприкасается с Пушкиным, его постулатами, которые иногда угадываются без труда, а иногда требуют кропотливого проникновения в текст.

1. Рабство и независимость

Первый принцип задаёт направленность поисков лирической героини-поэта. Он связан с раскрытием «внутренних очей», т. е. с духовным измерением, необходимым для обретения творческой независимости. Это задача номер один для лирической героини, которая поначалу явно пытается идти на поводу у читающей публики. В этом она немного напоминает беллетриста Тригорина из «Чайки», жалующегося Нине: «Я чувствую, что если я писатель, то я обязан говорить о народе, об его страданиях, об его будущем, говорить о науке, о правах человека и прочее и прочее, и я говорю обо всём, тороплюсь, меня со всех сторон подгоняют, сердятся, я мечусь из стороны в сторону, как лисица, затравленная псами…» [Чехов 1978: 31].

Похожая ситуация вырисовывается в «Роде занятий», где общественность подгоняет лирическую героиню, требуя от неё обещанных «стишков»:

> Раб огрызался, обратиться если
> с покорной просьбой. Где его стишки?

Уничижительная форма «стишки» рождает ассоциацию с другими «стишками», уже из пушкинского контекста. В «Разговоре книгопродавца с поэтом» читаем:

Книгопродавец

Стишки для вас одна забава,
Немножко стоит вам присесть,
Уж разгласить успела слава
Везде приятнейшую весть:
Поэма, говорят, готова,
Плод новый умственных затей.

В «Роде занятий» «приятнейшая весть» заменяется на неприятнейшую — «поэма не готова», и именно потому, что в ней слишком много «умственных затей», направленных на то, чтобы потрафить вкусу читающей публики.

Динамика повествования строится на двойственности лирической героини, которая выступает одновременно в ипостаси раба и свободного поэта. Обе берут начало от пушкинского Поэта из «Разговора…». Все три фазы — зависимость от толпы, осознание и раскаянье с последующим отречением от идолопоклонничества — формируют «писательский» сюжет «Рода занятий». У Пушкина эти фазы лаконично выражены в следующей строфе:

Когда на память мне невольно
Придёт внушённый ими стих,
Я так и вспыхну, сердцу больно:
Мне стыдно идолов моих.

Пушкинские «идолы» порождают ахмадулинского «раба». Её лирическая героиня проходит тот же путь раскаяния и отречения от ложной установки:

Печально озираю лепестки —
клочки моих писаний пятинощных.
Я погубитель лун и солнц. Прости.
Ты в этом не повинна, печь-сообщник.

Что же конкретно не удовлетворило её в юбилейных писаниях? О самим стихах говорится совсем немного, но, поскольку они являются отправной точкой, имеет смысл взглянуть на них в более развёрнутом контексте творчества Ахмадулиной.

В одном из своих эссе Ахмадулина сравнивает присутствие Пушкина в национальном сознании с вечным присутствием звезды на небосклоне:

И мне захотелось продолжить это нескончаемое раздумье о Пушкине, которое длилось и помимо наших усилий, как жизнь Земли, как непреклонный ход светил. Нельзя уличить природу в бездействии, в отсутствии времени года или заподозрить небо в отсутствии звезды: сейчас невидима, но есть же! Так и ваше, моё, общее наше национальное сознание нельзя застать врасплох, без присутствия в нём Пушкина [Ахмадулина 1989: 117].

Картины астрономического и литературного неба сближены и в поэме, но сделано это пародийно:

> Пусть небеса прочтут бессвязный дым.
> Диктанта их занесшийся тупица,
> я им пишу, что Сириус — один
> у них, но рядом Орион толпится.

Ясно, что под ярчайшей звездой Сириус подразумевается солнце русской поэзии, а под созвездием Орион — толпа. Контекст этой строфы содержит в себе известное пушкинское противопоставление «поэт и толпа», вербализованное в конечных словах третьей и четвёртой строк («один — толпится»). Ирония в том, что лирическая героиня, написавшая эти стихи, сама же и относится к «толпе», для которой она это сочиняет и к которой обращена помыслами. Она прекрасно отдаёт себе отчёт в том, что «Запеть напоказ — провиниться в обмане», но поначалу идёт на эту «смерть на сцене», на «бренное дело», как Ахмадулина саркастично определила это в «Ночи пред выступлением» (1973).

Другая её ипостась зорко следит за происходящим и вовремя меняет курс. В предисловии к моей первой книге стихов Ахмадулина писала: «Лишь много позже я поняла, что видимая поблажка судьбы на самом деле была важным и суровым испытанием. Меня любили липы Тверского бульвара, многие люди взяли на себя труд сочувствия и соучастия, но некая строгая неусыпная звезда следила за мною с тревогой и уже сожалением — хорошо, что я успела заметить и понять этот заботливый укоряющий взор» [Ахмадулина 1991: 3].

В поэме в роли «неусыпной звезды» выступает пушкинская звезда, на которую направлены помыслы лирической героини. Звезда не имеет названия («Сильней и ниже остального неба / сияло то, чего не назову»), она не соотносима с астрономическим телом, но влияние её на дальнейшее огромно. У лирической героини наступает внутренний перелом, и она не может больше продолжать писать в том же духе («на этом и застопорились строки»). «Безлунно и бесплодно дни текли» звучит эхом пушкинского «В глуши, во мраке заточенья / Тянулись тихо дни мои» («К***»). Из контекста этой переклички следует, что лирическая героиня пребывает в аналогичном состоянии в преддверии своего «чудного мгновенья».

2. «Восторги чистых дум»

Конечно же, не плотской, а сакраментальной «чудности» мгновенья посвящены стихи Пушкина «К***» (1825). Увидеть это помогает сравнение с другим его стихотворением, «Мадонна» (1830). Именно там появляется определение «чистейшей прелести чистейший образец», которое созвучно определению «гений чистой красоты». Эпитет «чистый» является общим знаменателем для обоих стихотворений. Тот же эпитет используется несколько раз и в «Разговоре...», где он выступает синонимом идеального мира, к которому принадлежит Поэт с его «восторгом *чистых* дум» и его возлюбленная, пламенеющая «лампадой *чистою* любви» (курсив мой. — *В. З.*). В третий раз этот эпитет используется с отрицательной частицей:

> Не чисто в них воображенье:
> Не понимает нас оно,
> И, признак Бога, вдохновенье
> Для них и чуждо и смешно.

Посредством отрицания выстраивается утверждение: то, что «не чисто», не способно откликнуться на «признак Бога». Стало быть, чистота в пушкинском контексте восходит к сакраментальной сфере и является знаком Присутствия.

О божественности творческого акта Поэт и толкует Книгопродавцу, используя сравнения, свидетельствующие о неземном происхождении предмета своего поклонения:

> Где та была, которой очи,
> Как небо, улыбались мне?
>
> Земных восторгов излиянья,
> Как божеству, не нужно ей!..

Книгопродавец, разумеется, не внемлет — для него всё это не более чем метафоры, расцвечивающие любовный сюжет. Ни ему, ни читательской публике высокая поэзия неинтересна. Читателю подавай земное, конкретное, с душком, с предысторией. Так только и можно «рукопись продать». О такого рода читателе Ахмадулина писала в своём эссе «Чудная вечность» (название, очевидно, дано по аналогии с «Чудным мгновеньем»), передавая разговор гостя с экскурсоводом об отношениях Пушкина и Керн.

Тогда тот случайный и небрежный гость — помните, я говорила, что такой сыскался? — обратился в экскурсоводу и сказал приблизительно вот что. Всё это нам и без вас известно. Но не кончилось же на этом дело, были у них другие мгновенья! Прошу внести ясность в этот вопрос для сведения вот этих доверчивых и наивных граждан.

Та, маленькая, со лбом и указкой, выдвинулась вперёд прыжком, на который не имел права Данзас, и, обороняя уязвимую хрупкость, чьи изящные очертания сохраняет маленький жилет на Мойке, стала в упор смотреть на противника, пока он не превратился в тёмный завиток воздуха, вскоре развившийся в ничто. Даже жаль его, право, — разве что пошлый, а так безобидный был человек, как, впрочем, и победители роковых поединков, за смутное сходство с которыми он поплатился [Ахмадулина 1996: 106].

Таково отношение Ахмадулиной к «нечистому воображенью». Поэт не должен идти на поводу у его носителей. «Шум празднества страшит, и славословий клики / ревниво слышу я: всё кажется, что врут», — напишет она уже позже в поэме «Глубокий обморок» (1999) по поводу готовящегося пушкинского юбилея. Наличие «чистого воображения» — второй принцип, без которого пишущему грозит погрязнуть в «трясине былого дня»:

> О небе небу делают доклад.
> Дай бездны им! А сами — там, в трясине
> былого дня. Его луну догнать
> в огне им будет легче, чем в корзине.

Каков же выход? Как очистить воображение от того стереотипа, который навязывает толпа?

3. «Живи один»

Здесь за основу взята идея пушкинского «Поэта» (1830):

> Ты царь: живи один. Дорогою свободной
> Иди, куда влечёт тебя свободный ум,
> Усовершенствуя плоды любимых дум,
> Не требуя наград за подвиг благородный.

Именно так и поступает лирическая героиня, удаляясь от всех, чтобы совершенствовать «плоды любимых дум». Келейность — это третий принцип, который очерчивает литературные небеса с их заповедями и поэтическим исихазмом. Это влечёт за собой полную независимость в тематике и в способе самоизъявления. На этом уровне поэт не только не озабочен тем, чтобы понравиться читателю, но и вообще чтобы быть понятым. Его писания — между ним и Богом.

Понятиями «неясность» и «чуждость» описывается творчество и пушкинского Поэта, и лирической героини. «Она одна бы разумела / Стихи неясные мои», — говорит Поэт Книгопродавцу о своей божественной вдохновительнице. И добавляет: «Я всем чужой!..» «Приёмыш я иль вовсе сирота / со всех сторон глядящего пространства?» — задаётся вопросом лирическая героиня-поэт. И заключает: «Но странен всем мой одинокий взгляд / и непонятен род моих занятий». Этого принципа она придерживается всегда. В «Глубоком обмороке» читаем нечто похожее:

> Нет, ни на чьё внимание не зарюсь.
> Уже прискучив несколько семье
> и назиданий осмеяв не-здравость,
> пишу себе... Верней: пишу — себе.

Келейность не синоним замкнутости, а способ очистить звучание небес от земных шумов, чтобы настроиться на Присутствие.

4. «Единственность предмета»

Настрой на Создателя позволяет увидеть уникальность тварного мира. Поскольку Единый есть также и Единственность, то и всё созданное Им — в единственном экземпляре. Более того, один и тот же предмет или явление никогда не повторяет себя, каждую минуту изменяясь и преображаясь.

В тот день через одиннадцать часов
явилась пеклом выпуклым средь сосен,
и робкий круг, усопший средь лесов,
ей не знаком был, мало — что не сродствен.

Эта концепция присутствует во многих стихотворениях Ахмадулиной: «Соседка капля — капле не близнец» («Свет и туман», 1981), «роза розе — рознь» («Поступок розы», 1985), «Нет, я ценю единственность предмета» («Приключение в антикварном магазине», 1964)… В «Роде занятий» лейтмотивом Единственности служит формулировка:

Рознь луне луна.
И вечность дважды не встречалась с ней же.

Вопрос в том, как запечатлеть уникальное, как передать в слове «единственность предмета».

5. Освобождение от гештальта: распредмечивание и называние

В случае Сотворения создание идёт от отдельных характеристик к целому, название которому даётся в конце. Поэт сотворяет в мире уже готовых объектов и известных явлений, за которыми закреплены конкретные значения, и многое может быть описано гештальтом. Пятый принцип, возбраняющий использование гештальтов в поэзии, представлен двумя этапами. Первый этап можно обозначить как распредмечивание гештальтной формы.

Методика распредмечивания дана как обратная той, которая используется при создании нерасчленённых гештальтных форм. Только тогда в общем проступает уникальное, а в творении — Присутствие. В поэтической вселенной всё должно сотворяться заново и так, будто у художника нет прошлого опыта, будто он смотрит на мир впервые, не зная, что перед ним.

> А там внизу, над розовым едва —
> (ещё слабей... так будущего лета
> нам роза нерасцветшая видна
> отсутствием и обещаньем цвета...
> ………………………………………………
> там блеск вставал и попирал зарю.

Картина зримая и расплывчатая одновременно, с приблизительностью и неочевидностью сравнений: «розовым едва — (ещё слабей…)». Что же может быть «слабей» того, что и так «едва» различимо? Речь явно о каком-то новом качестве цвета, который соседствует с нездешней прозрачностью. И даже аналогии, которые выстраивает лирическая героиня, не имеют чёткости, что усложняет представление о наблюдаемом предмете и в то же время расширяет поле его возможных характеристик.

Впечатление, что присутствуешь при сотворении вселенной, где пространственные ориентиры ещё не прояснились до конца. Перечитаем ещё раз: «А там внизу, над розовым едва…» Что «над» чем и что «внизу»? И где — «там»? И как «низ» оказывается «верхом» по отношению к «розовому»? Всё очень слито, спутано, туманно, требует дальнейших уточнений.

Вспоминается описание из Книги Бытия: «да будет твердь посреди воды, и да отделяет она воду от воды». Пока не дойдёшь до следующего, седьмого стиха, не поймёшь, как именно произошёл раздел — по вертикали? По горизонтали? Да и что за «твердь» невозможно уяснить до определения её в восьмом стихе: «И назвал Бог твердь небом».

Распредмечивание описаний, вербальная дематериализация объектов и явлений направлены на воссоздание того, в чём «мало зримых свойств». Чтобы «прозреть насквозь прозрачно-беззащитную поверхность», нужно сначала ослепнуть для мира вещного:

> Я постояла и пошла назад.
> Слепой зрачок не разбирал дороги.
> В луне осталось мало зримых свойств.
> Глаз напрягался, чтоб её проведать,
> зато как будто прозревал насквозь
> прозрачно-беззащитную поверхность.

Та же мысль звучит и в её эссе о Пушкине, где она настаивает на том, что предметный мир не помогает, а напротив — уводит от пушкинского феномена, поскольку изображения-гештальты скрывают особенное, неповторимое: «Все его изображения и копии писем и документов не открывали мне смысла его тайны, а, напротив, отводили меня вдаль от неё, в сторону чужого и общепринятого объяснения его личности великого человека» [Ахмадулина 1996: 99].

Расписав всевозможные характеристики таинственного свечения, Ахмадулина приступает к следующей стадии — стадии называния.

> Единственность, ты имени не просишь,
> *и только так тебя я назову*[5].
> Лишь множества — не различить без прозвищ.

Имя — это прозвище, гештальт. Именуя предмет, мы ограничиваем наше восприятие общими характеристиками. Чуть ниже эта мысль иллюстрируется так:

> Сильней и ниже остального неба
> сияло то, чего не назову.
> А он — молился и шептал: Венера...

Так очерчивается ментальность раба, привязанного к гештальту, и чётче вырисовывается конфликт между двумя ипостасями лирической героини. Называние не имеет очерченных границ, свойственных гештальтным

______

[5] Курсив мой. — *В. З.*

формам. Это способ описания при котором целое лишь угадывается, а не именуется. Угадывается не в конкретных терминах, а в расплывчатых представлениях, требующих, в свою очередь, описаний и уточнений по типу «розовый едва ещё слабей». Так, термин «Единственность» не несёт в себе ничего, что можно было бы описать гештальтом. Его нельзя изобразить в виде картинки рассвета, заката или чего-либо ещё.

Идея отказа от гештальта находит отражение не только в «Роде занятий». Стихи «Ночь», написанные в 1965 году, начинаются так:

> Уже рассвет темнеет с трёх сторон,
> а всё руке недостаёт отваги,
> чтобы пробиться к белизне бумаги
> сквозь воздух, затвердевший над столом.

Сравним с началом «Рода занятий»:

> Упорствуешь. Не хочешь быть. Прощай,
> моё стихотворенье о десятом
> дне февраля.

Почему же «упорствуют» стихотворение и воздух, «затвердевший над столом»? Ответ связан с размышлением о методе:

> Соблазн так сладок, так невинна малость —
> нарушить этой ночи безымянность
> и всё, что в ней, по имени назвать.
>
> («Ночь»)

Гештальт ночи даёт представление о временны́х границах, что важно для ориентира во времени. Но каждая ночь в отдельности — неповторима. Таковой она и должна возродиться на бумаге, сохраняя свою безымянность. Более того, ни один из её многочисленных признаков, ни одна из особенностей не должны быть названы «по имени».

Смысл в том, что неведомое не может быть описано уже известным, иначе безымянность будет разрушена и довольствоваться придётся «самодельной» ночью («Или воспой, коль хочешь возыметь, — / и плачь о полнолунье самодельном», — напишет она в «Роде занятий»).

> Как я хочу благодарить свечу,
> любимый свет её предать огласке
> и предоставить неусыпной ласке
> эпитетов! Но я опять молчу.
>
> («Ночь»)

Эпитеты — это рюшки и оборочки вокруг гештальтов. Они умерщвляют стихотворение, превращая искусство образа в словотворчество. Практически о том же в «Роде занятий»:

> Он — нелюдим, его не нарекли
> эпитетом. О, пылкость междометья,
> не восхваляй его...

6. Позиционный стиль

Отказавшись от гештальтов в описаниях, лирическая героиня перешла на медленное, тщательное всматривание в нюансы и оттенки небес.

> Вернусь туда, где и стою: в не-цвет.
> Он осторожен и боится сглазу.
> Что ты такое? — Сдержанный ответ
> не всякий может видеть и не сразу.

Это неспешное пошаговое формирование художественной позиции, прокладывающей путь к Единственности, малоинтересно тому, кто предпочитает ясность и динамику в стихах. Но именно на это хочет тратить своё уединение художественный двойник Ахмадулиной.

Почему же она отдаёт предпочтение этому непопулярному стилю и в чём его преимущество перед прежним? Чтобы ответить на этот вопрос, нужно обратиться к истории шахматной игры. Именно в шахматах «затянутый», полных излишних подробностей, «скучный» стиль, появившийся в конце XIX века, был осмыслен и пояснён в строгих терминах.

Подробно об этом стиле и его аналогии в литературе я писала в статьях и книгах, посвящённых творчеству А. П. Чехова [Зубарева 2015б]. Здесь же я коснусь лишь основных моментов.

Идея неизвестного будущего выражена так в поэме:

> Что было дальше — от кого узнать?
> На этом и застопорились строки.
> Я постояла и пошла назад.

Её лирическая героиня движется «от начала». Ей нужно время, чтобы всё осмыслить и переосмыслить («постояла и пошла назад»), оценить, не упустить из виду мельчайшие нюансы, которые могут сыграть важную роль в дальнейшем. В шахматах этот стиль описан как неспешно развивающееся движение с пошаговым укреплением позиции за счет создания мелких преимуществ, их накопления и постепенного выращивания из них комбинации позиционного типа. Читатель таких произведений в пространстве полуопределённости, где многое нужно достраивать самому и притом нетрадиционным способом.

Помимо размытого сюжета, позиционный стиль в литературе отмечен наличием отступлений, описаний, деталей, эпизодов и героев, не связанных прямо с сюжетом и конфликтом. Этот стиль принято называть описательным, но термин «описательность» не отражает сути, и даже наоборот — затуманивает её, не давая операционального представления о том, какой конкретно смысл кроется за «излишними» деталями и персонажами (как, например, у Гоголя в «Мёртвых душах» или в романах Толстого и Достоевского). «Определённая композиционная и версификационная неряшливость, интонационная монотонность — все эти признаки акынства заслоняют порой рисунок на ткани», — пишет Виктор Куллэ о поэзии Ахмадулиной. «На смену акмеистической зоркости к деталям приходит нагромождение невнятных автоперепевов. Но замечательно, что весь приведённый набор отрицательных качеств служит в итоге лишь перегноем, тем сором, которого немало в поэтической кухне каждого берущегося за перо. А сад всё-таки есть» [Куллэ 1997: 19].

В чём же дело? Что это за чудесный «перегной», из которого произрастает неувядаемый Сад? В шахматах это называется материальными и позиционными параметрами, из которых выстраивается позиция. В литературе и искусстве к ним добавляются параметры отношений. Их обилие и даже изобилие призвано обогатить художественную позицию в том ключе, в каком это понимает сам художник. «Рисунок на ткани» многих её поэм действительно нечёток на первый взгляд, да и на второй. Обилие метафор, причудливых отношений между словами, образами и героями, мотивов, претерпевающих трансформацию, всё это уводит от чёткости рисунка. Но чёткость и не является задачей Ахмадулиной, полностью отдавшейся формированию богатой художественной позиции, из которой она выращивает свою Единственность. И тут уместно будет заметить, что позиционный стиль направлен на уникальные ситуации, вероятностный подход к которым не приложим в силу отсутствия статистики. Его нельзя до конца формализовать. В этом он близок к художественному методу, который невозможно воспроизвести в полной мере, поскольку он несёт в себе уникальность художника, создавшего его. Его можно описать только в общих чертах, но проникнуть в тайну, т. е. сделать так, чтобы он был использован каждым пишущим с одинаковым результатом, никому не удастся («Но эту смесь составил фармацевт, / нам возбранивший думать о рецепте»).

Погружаясь в это густо заселённое пространство деталей, часто теряешь нить, и создаётся впечатление, что поэт попросту растекается мыслию по древу, забыв, с чего началось стихотворение, и не ведая, к чему приведёт перо. Но как только проникаешь в систему тайнописи, как только вскрываешь основной принцип писаний, всё становится на свои места. И проясняется сакраментальность красок, и отчётливей выглядит рисунок, ныряющий в глубину и расплывающийся на поверхностях. И обретает стройность разбивка Сада. Тайна питает его корни, таинство освещает его ветви. Без этого он был бы всего лишь декоративной усладой поэта-садовода.

В отличие от дерзких тактических решений комбинационного толка, позиционный стиль базируется на стратегии или, как называл это Ласкер, «плане», который он противопоставлял комбинационной «идее». Пока комбинационный игрок занят нападением и движется наскоками, позиционный медленно разворачивается в пространстве, фокусируясь на укреплении и развитии позиции. Это замедляет динамику, картина становится расплывчатой за счёт отсутствия чёткости увязок начал и концов.

Лирическая героиня «Рода занятий» действует по «плану», наблюдая за луной, зарёй и вообще беря на заметку все малейшие изменения на небосводе, открывая для себя все «пугливые мгновенья междуцветья». Как это приведёт её к сретенью с новыми стихами и приведёт ли — неизвестно. Но она делает для этого всё возможное, развивая и обогащая художественную позицию. Комбинационный вариант этого же сюжета должен был бы включать «идею», из которой все действия лирической героини вытекали бы прямо и непротиворечиво, т. е. так, чтобы каждый, кто следил за ней, понимал, для чего эти действия нужны.

То же относится и к обилию деталей, прямо не увязанных с сюжетом и «провисающих» в нём. Появляется, например, ничего не значащий и, казалось бы, «лишний» персонаж — «старый господин», от которого вполне можно было бы избавиться. Но это лишь с точки зрения сюжетности. Для формирования художественной позиции, напротив, важна каждая деталь, которая по-своему обогащает целое. Всё требует постепенности и вглядывания.

> Что ты такое? — Сдержанный ответ
> не всякий может видеть и не сразу.

Как видим, эта методика в точности передана Ахмадулиной, которая вряд ли занималась вопросами позиционного стиля. И тем удивительней её художественная интуиция, подсказывающая ей основы позиционного мышления.

Трудность толкования таких произведений состоит ещё и в том, что о роли отдельной детали в них сказать невозможно без интерпретации позиции в целом, которая должна предшествовать интерпретации детали. Чтобы понять целое, интерпретатор должен с него начать. По воспоминаниям Гейзенберга, Эйнштейн «пояснил, что только теория может дать определение наблюдаемым явлениям. Он сказал, что ты не можешь заранее знать, что ты будешь наблюдать, но ты обязан поначалу знать или выстроить теорию, и только после этого ты можешь дать определение тому, что ты собственно наблюдаешь» [The Development... 1974].

В «Роде занятий» лирическая героиня также не знает, что она будет наблюдать, но у неё есть целостное представление о происходящем, которое сказывается и на типе конечной цели, которую она ставит перед собой, и на методике, которую она вырабатывает. Сретенье со стихотворением — цель чисто позиционная. Её невозможно достичь при помощи заранее просчитанной программы или алгоритма. В позиционной игре поэтапность развития позиции связана с формированием промежуточных целей. В «Роде занятий» одной из таких целей является обретение творческой независимости. Другая промежуточная цель, вытекающая из первой, связана с приближением встречи с Единственностью. Это говорит о том, что у лирической героини есть концепция и видение, помогающее ей формировать направление. В противном случае она бы просто потерялась в хаосе несвязных явлений, и о распознавании того, что «имени не просит», и речи бы быть не могло.

7. Разомкнутость на вселенную

Лирическая героиня не довольствуется видом из окна, а отправляется за пределы дома на поиск Единственности. В поэме письменный стол разомкнут на внешний мир, который, в свою очередь, проецируется на лист бумаги:

> Я оглянулась, падая к Оке.
> Вон там мой Ванька, там мои чернила.
> Связь меж луной и лампою в окне
> так коротка была, так очевидна.

Связь «меж луной и лампою» — это связь меж поэтом и Вселенной. Поэт должен расширить горизонты своего видения, разомкнуть стены своей комнаты. Уход из дома в поэме равносилен освобождению из «замкнутого тайника» — так Ахмадулина позже назовёт мозг — источник нарциссизма («Глубокий обморок»).

8. Творчество как богообщение

Следующий принцип связан с тем, как происходит декодирование информации, почерпнутой из наблюдения над небесами. В поэме малейшие знаки на небосводе трактуются как знамения. Природа в стихах Ахмадулиной разного периода — не кладезь метеосводок, а «зеркало Бога» (Палама).

Поскольку движение поэмы разворачивается в направлении Сретенья Господня, то и знамения имеют сакраментальную значимость. Процесс разгадывания происходит через писания как способ богообщения. «Писать — это втайне молиться о ком-то», — пишет Ахмадулина в «Ночи перед выступлением». А в одном из писем Аксёновым она уточняет: «Одно несомненно: лишь стихи и прочие писанья ответят мне на все мои вопросы, с которыми лишь к судьбе могу взывать» [Ахмадулина 2011].

Писания — это конечная фаза длительного процесса ожидания стихотворения-младенца.

> Устала я. Мозг застлан синевой.
> В одну лишь можно истину вглядеться:
> тот ныне день, в который Симеон
> спас смерть свою, когда узрел Младенца.

Метафора синевы, заславшая мозг, намекает на прорыв из «замкнутого тайника» в сферы духовности.

Каким же должно быть направление пера, узревшего «младенца»? Какой стиль следует избрать?

9. Возврат к «юной старине»

Девятый принцип можно определить словами Ахмадулиной, как «обратно к истокам». Точкой отсчёта является творчество Пушкина, относительно которого выстраивается новое направление. Показательными в этом плане являются следующие строки из поэмы.

> в какое слово мысль ни окунём,
> заря предстанет ясною строкою,
> в конце которой гаснет огонёк
> в селе, я улыбнулась, за рекою…

Приходится не согласиться с авторами статьи «Интертекстемы Беллы Ахмадулиной», которые пишут следующее по поводу вышеприведённой строфы: «У поэтессы встречаются реминисценции с детской поэзией… "В какое слово мысль ни окунём, / заря предстанет ясною строкою, / в конце которой гаснет огонёк / в селе, я улыбнулась, за рекою…"

("Род занятий"). Ср.: "Домик над рекою, / В окнах огонёк, / Светлой полосою / На воду он лёг"" [Харченко, Плужникова 2011: 221]. Привязка к детской поэзии поверхностная. Здесь явно обыгрывается цитата из раннего стихотворения Пушкина «Вишня» (1815).

> Румяной зарёю
> Покрылся восток,
> *В селе за рекою*
> Потух огонёк.

Вписанный в прихотливый ахмадулинский «старинный слог» пушкинский стих заставляет вновь сопоставить две поэтические системы и подивиться их разительному контрасту. На этом контрасте Ахмадулина заостряет внимание читателя, словно заставляя его задаться вопросом о том, для чего это сделано и что здесь имелось в виду. Более конкретный ответ она даёт, размышляя о художественной системе Цветаевой:

Марина Ивановна, во всём исходя из Пушкина, вела нас к иному слову, то есть куда-то туда, как полагалось по времени. Я же теперь полагаю, что приходится вести немножко туда, к былой речи, обратно, то есть проделать как бы весь этот путь сначала в одну сторону, потом в другую и искать утешения в нравственности и в гармонии нашего всегда сохранного и старого, в том числе, русского языка. Обратно к истокам [Ахмадулина 1997: 445].

«Архаика задаёт нижнюю границу словарного объёма, — отмечает Владимир Губайловский, — всё прочее уже модерн — "нули", "тоннель", даже "счастливец". Ахмадулиной удаётся охватить весь наличный объём языка. Непосредственная близость разных языковых пластов создаёт очень большую, почти предельную для современной речи глубину смысла» [Губайловский 2001]. Она включает архаическую лексику, требующую «точной рифмы», и ассонансную рифму, требующую «современного словаря» [Губайловский 2001]. «В этом противоречии, в разнонаправленности требований возникает возможность выбора оптимальной стратегии, которая позволяет выйти за рамки установившейся поэтики и создать что-то совершенно новое, неповторимое — и это путь Беллы Ахмадулиной» [Там же].

Стиль большого поэта проистекает из концептуальных, а не формальных задач. И для Ахмадулиной это не трюк, не «забава», не «стишки», не способ срывания аплодисментов у «поредевшей свиты». Она не страшится «дней былых», потому что они несут в себе исконные, нестареющие принципы. Это вечно «юная старина» [Ахмадулина 1999б: 118]. Заканчивается мода на один стиль, начинается на другой, а язык Писаний и Откровений всегда сохраняет свежесть.

Стихи, получающиеся в результате подобного «рода занятий», не относятся к числу захватывающих, но именно им не страшна коррозия времени.

ТАЙНА ПРОСТРАНСТВА

Обретение сакраментальных координат

«...пусть Бог хранит вас, и станемте молиться друг за друга», — пишет Ахмадулина Аксёновым (4 января 1981 г.). А в другом письме того же года она повествует о том, как Борис Мессерер, прилетев из Софии и найдя её «обезумевшей от похорон, девятых и сороковых дней и от жизни»[6] отправил её в «безвестный и захудалый художнический дом под Тарусой». «Там, через десять дней мрачности, я начала писать стихи: днём и ночью. <...> Я уехала из Тарусы первого апреля: с грустью и с пачкой стихов» [Ахмадулина 2011].

Таруса в стихах этого периода проступает как сакраментальное пространство, в котором происходит пробуждение души и духа лирической героини, возвращающейся в исконную сферу духовности и заново открывающей многомерность не «вещного» пространства[7]. Таруса становится её личной Святой землёй, местом откровений[8]. К ним она приходит через поэзию, служившую для неё трамплином к таинству.

---

[6] Имеются в виду похороны Вергасова.

[7] По определению В. Н. Топорова, пространство «всегда заполнено и всегда вещно. Вне вещей оно не существует» [Топоров 1995: 239].

[8] «Станем на Святой земле: создав свою личную Святую землю», — писал св. Палама в «Слове на Преображение Господне» [Сигов 2004: 35].

«Что с небосводом?»

Стихи «Радость в Тарусе» (1981) повествуют о том, как лирическая героиня, покинув на время пределы большого города, где правит «злодейство», оказывается в Тарусе. Таруса — не потерянный рай и не место для отдохновения. Следы «злодейства» лежат и здесь на всём, куда ни кинешь взгляд, но есть нечто большее в её атмосфере, возвращающее внутреннюю свободу и открывающее «внутренние очи». Здесь возрождается человеческое достоинство, старина, история... И пелена, застилающая Присутствие, спадает с глаз, и происходит исцеление духа.

> Я позабыла, что всё это есть.
> Что с небосводом? Зачем он зарделся?
> Как я могла позабыть средь злодейств
> то, что ещё упаслось от злодейства?
>
> («Радость в Тарусе»)

О столкновении с одним из представителей «злодейств» перед отъездом в Тарусу Ахмадулина повествует в письме к Аксёновым.

По добрососедству моему я близко участвовала в бедном завершении жизни Вергасова: в больнице и во всём, что потом. На скромных поминках сидела рядом с его братом, учителем с Кубани, он сетовал, что — не пышно, без начальства. Вдруг — начальник входит. Я отпрянула на другой конец стола, он покосился на Липкина и Лиснянскую, имеющих с покойным свою какую-то связь.

В своём кратком скорбном слове начальник этот перечисляет все трудности нашего международного положения, предостерегает о беспечности к польской опасности.

Я: Послушайте, ваша Кузнецов — фамилия?

Он: Вы же знаете.

Я: Меня с вами прежде никто не знакомил, а теперь — поздно.

Он: Вы — женщина, и вам прощается.

Я: Никогда не заметно было, чтоб вы, уничтожая и сажая, считались с полом.

И — так далее.

Я: Здесь — поминки, вы не заметили? Здесь люди собрались. А вы — нелюдь, нечисть — и делать вам здесь нечего. (Сама — в ужасе: дом не мой и поминки не мои.)

[Ахмадулина 2011]

Отголосок этого инцидента звучит и в стихах:

> Но я не верила, что упаслось
> хоть что-нибудь. Всё, я думала, — втуне.
> Много ли всех проливателей слёз,
> всех, не повинных в корысти и в дури?

Уже позже, когда годы режима станут прошлым, она скажет о «проливателях слёз» более жёстко: «Конвоир остался. Он жив. У него орден на груди или медаль. И потомство у него есть — дети, внуки. А зэк где? Никто не знает. Даже такой именитый зэк, как Мандельштам» [Ахмадулина 2006а]. Соболезнуя и скорбя по жертвам террора, её лирическая героиня обращает взор к местам, подвергнувшимся расправам, местам «церквей убиенных», «рощ изведённых» и «маленьких сёл», которые выглядят совсем как обездоленные, осиротевшие дети («Горестен вид этих маленьких сел, / рощ изведённых, церквей убиенных»). Они объединяются в собирательный образ Младенца и Страданий, подспудно выстраивая сородственность мук русской земли и Спасителя. Прозревание этой параллели неожиданно поднимает дух лирической героини, вдруг по-новому осознавшей духовный смысл мучений родины православия, где символом безвременья стал «храм без креста». На смену удручающим мыслям о фатальности террора («Но я не верила, что упаслось / хоть что-нибудь. Всё, я думала, — втуне») приходит образ Спаса-зари, занимающий отныне центральное место в общей картине Тарусы.

Страждущий мир больше не видится ей бессмысленным и брошенным на произвол.

Таруса разворачивает перед ней своё пространство сразу в двух пластах — разрушительном историческом и созидательном духовном.

> Время смертей и смертельных разлук,
> хоть не прошло, а уму повредило.
> Я позабыла, что сосны растут.
> Вид позабыла всего, что родимо.

Невербализованная оппозиция «страна — родина» становится достоянием подтекста, где страна соотносится со строем, а родина — с тем, «что родимо». Ум повреждён строем настолько, что забыто самое главное — корни. И как следствие этого, утеряно «чувство родины».

Образ родины в поэзии Ахмадулиной шире, глубже и возвышенней образа страны, ибо он смыкается с миром Восхода, Зари, Света и всем тем, что знаменует собой Присутствие.

Вспоминая о периоде пребывания в Тарусе, Ахмадулина пишет:

Хотя там было много печального: разрушенные церкви — руины без креста. Сейчас они восстановлены. Церкви действуют, службы идут, прихожан достаточно. Так что вид, может быть, сейчас более утешительный. Но вот запомнился тот ранящий и трогательный вид: бедная степь, печальные, одинокие старушки. Как я писала, «...склад неимущества — храм без креста. Знаю я, знаю, как это зовётся». То есть *возникло чувство родины* и народного бедствия... [Ахмадулина 2006б] (курсив мой. — *В. З.*)

Страна, вытесняющая родину, обрекает на отщепенство своих детей, в числе которых был и Аксёнов. Отщепенство не менее трагично, чем жизнь в стране с утерянным чувством родины. Вырвавшись из когтей ненавистного строя, «отщепенец» начинает резче ощущать *родину*. И этот факт — самое яркое свидетельство того, что родина относится к безусловным понятиям, а строй — к условным. Всё то родимое, что, казалось бы, убил строй, просыпается вдали от родины, чтобы терзать память и душу. Об этом Аксёнов повествует в письме к Ахмадулиной в конце января 1981 года:

…главное… в том почти космическом отрыве от родины, и не сам себя чувствуешь заброшенным, а напротив, твоя огромная рыхлая родина становится для тебя в отдалении чем-то покинутым и любимым, вполне небольшим, вроде щенка или ребёнка. Даже порой всю сволочь, что формирует образ зловещей Степаниды, забываешь. Засим возникает естественное: кому принадлежит Москва — мне, Белле, «Метрополю» или нелегальной банной бражке? [Ахмадулина 2011].

Образ родины, разрушенный строем, воскресает в небесах Тарусы, ставшей для лирической героини местом воскрешения памяти об Отце и Отечестве. Радость в стихотворении имеет две направленности — мирскую (возвращение сна, хорошего настроения и т. п.) и сакраментальную. Весь ход стихотворения — это постепенное наполнение души символами и знаками, открывающими ей заново родину, образ которой неотделим от небес. Прозрение лирической героини описано так, будто пелена спадает с её глаз, и она восклицает: «Что с небосводом? Зачем он зарделся?» Вопрос не имеет смысла в мирском пространстве. Он направлен исключительно на сакраментальное и знаменует собой пробуждение духовной памяти.

> Вспомнила: это восход, и встаю,
> алчно сочувствуя прибыли света.
> Первыми сосны воспримут зарю,
> далее всем нам обещано это.

Созерцание зардевшегося небосвода и движение к заре описано как священнодействие, в результате которого миру сообщается Благодать. Торжественность момента передана державной размеренностью четырехкратного дактиля, намекающего на несобытийную значимость происходящего. В этот момент лирической героине открывается «неявная» сторона природы, отражающей Спаса.

Сосна как одно из трёх деревьев, из которых был сделан Крест Спасителя, навсегда настроена на Свет, и по ней нисходит весть об обещании зари. Безличная форма «обещано» ещё больше подчёркивает непреложность обещания, за которым угадывается невидимая фигура Спасителя. «Сочувствие прибыли света» описывает *соборность чувства* (со-чувствование), испытываемого героиней и природой, а наречие «алчно» в этом контексте воскрешает в памяти заповедь Христа: «Блаженны алчущие и жаждущие правды, ибо они насытятся» (Мф. 5:6). Свет — синоним Истины. Алчущий света — это жаждущий Истины. Как окружающая её природа, лирическая героиня восходит к Свету из мглы и лжи, и в этом её алкании правды — гарантия Благодати.

Образ радости поставлен в стихотворении в один смысловой ряд с тремя обольщениями.

Трём обольщеньям за каждым окном
радуюсь я, словно радостный кто-то.

Упоминание обольщений в контексте радости уводит к истории Благовещения. Обольщения боялась Мария, услышавшая Весть о Чудесном Зачатии.

Ангел, войдя к Ней, сказал: радуйся, Благодатная! Господь с Тобою; благословенна Ты между жёнами. Она же, увидев его, смутилась от слов его и размышляла, что бы это было за приветствие (Лк. 1:28—29).

Сумев отмести сомнения и прозрев Истину, Мария стала Радостной Марией. «Три обольщенья» лирической героини — заря (свечение неба перед восходом), «прибыль света» и восход — тяготеют в их смысловой символике к Троице. Радость, возникшая в момент созерцания обольщений за окном, есть знак того, что лирическая героиня прозрела Благость явлений на небосклоне и её душа и ум пришли к согласию. «Радостный кто-то» — намёк на Радостную Марию, мысль о которой озаряет её в момент радости. Интересно, что она проходит те же этапы неверия и смятения, что и Мария.

Но я не верила, что упаслось
хоть что-нибудь. Всё, я думала, — втуне.

Мотив ангела-вестника, приносящего радостную весть, подготовлен, прежде всего, образом Маши, названной ангелом: «Маша приходит: "Как, ангел, спалось?" / Ангел мой Маша, так крепко, так сладко!» Обращаясь на старинный манер к своей гостье, Маша словно реставрирует те давние времена, когда не было ещё «убиенных церквей». Она несёт чистоту и нетронутость древних небес, почти идиллическую, восстанавливая их в снежности Паршина. Помимо всего, Маша обладает чудесным свойством переиначивать беды в сказочность, преломляя их сквозь призму света и любви, охраняющую от злых сил.

> «В Паршино, любушка, волк забегал,
> то-то корова стенала, томилась».
> Любушка Маша, зачем он пугал
> Паршина милого сирость и смирность?

Волк, забегающий в Паршино, лишь пугает корову, но не приносит вреда краю, где царит «сирость и смирность». И в этом — скрытый намёк на чудодейственную силу этих мест, хранящих заповедные качества. Всё это подготавливает встречу с конюхом — 72-летним Фёдором Даниловичем.

> В конюхах — тот, чьей безмолвной судьбой
> держится общий не выцветший гений.
> Как я, главенствуя в роли второй,
> главных забыла героев трагедий?
>
> <…>
>
> Семьдесят два ему года. Вестей
> добрых он мало услышал на свете.

Тема благой вести появляется трижды в связи с этим героем. Поначалу она звучит инверсией радости, т. е. как недостаток благих вестей в жизни конюха. Вторично слово «радость» возникает как определение Фёдора Даниловича, которого лирическая героиня нарекает своей радостью.

Скорее всего, этот персонаж списан с реальной фигуры, как многие герои стихов Ахмадулиной. И в то же время каждый из них несёт в себе отсвет неизречённой реальности, которая может произвольно додумываться читателем в рамках мотива Радости. Например, дата написания стихов (1—2 марта, 1981) ассоциируется с днём памяти Федора Тирона, выпадающим на 2 марта. По преданию, он был сожжён на костре за веру, от которой не отступился. В темнице ему было видение Христа, и это укрепило его перед казнью. В контексте «злодейств» воспоминание о Фёдоре Тироне в дни написания «Радости в Тарусе» вполне уместно и обогащает общий план стихов. Кроме того, профессия Фёдора Даниловича (конюх) и его белый конь перекликаются с белым конём Фёдора Тирона на известной иконе Н. И. Савина «Чудо Фёдора Тирона». Живописец изображает эпизоды этого сказания, показывая, как мать Фёдора, желающая напоить его белого коня, подводит животное к колодцу, где живёт змий, который похищает её. Фёдор спасает мать от змия так же, как Фёдор Денисович спасает лирическую героиню от уныния и подавленности, возвращая её из окружения «аспидов»-злодеев в белизну дня.

А возраст Фёдора Даниловича, связанного с образом радости, напоминает о Радостной Марии, прожившей 72 года. Всё это, повторяю, ассоциативный фон, а не аллегории, претендующие на прямые сопоставления и единственно возможную трактовку. Всевозможные ассоциации достраивают имплицитное пространство, чья белизна и праздничность восходит к Таинству.

> Вот и поехали. Дня и коня,
> дня и души белизна и нарядность.
> Фёдор Данилович! Радость моя!
> Лишь засмеётся: «Ну что, моя радость?»

Наречённая «радостной» лирическая героиня мчится по преображённому пространству, где «Слева и справа: краса и краса». Есть в этой сцене и в этой восторженной лирической героине что-то пронзительно толстовское, распахнутое в Русь и природную духовность. И даже отчество конюха Фёдора перекликается с именем конюха Данилы, седлающего лошадь для охоты по приказу Наташи Ростовой. А волшебность картины заснежья во время святочного катания, переданная глазами Николая Ростова, сродни чудесному заснежью в Паршине: «Где это мы едем? — подумал Николай. — По косому лугу, должно быть. Но нет, это что-то новое, чего я никогда не видал. Это не косой луг и не Дёмкина гора, а это Бог знает что такое! Это что-то новое и волшебное» [Толстой 1980: 293]. Обладатель белого коня тоже везёт лирическую героиню в «новое и волшебное». Сотканный из света путь, перекликающийся с толстовской «алмазно-блестящей», «снежной» равниной [Там же: 293], преобразует недавнюю унылость места в «белизну и нарядность» «дня и души».

В библейском тексте Благая весть предшествует наступлению Благого События, подготавливая и настраивая душу Богородицы на него. Благая весть важна и для героини, вынашивающей своё произведение.

> Ночью, при сильном стеченье светил,
> долго смотрю на леса, на равнину.
> Господи! Снова меня Ты простил.
> Стало быть — можно? Я — лампу придвину.

Придвинутая лампа свидетельствует о том, что вскоре родится и её «дитя» как отзвук сфер, где обитает Логос и… Пушкин. Не приходится и говорить о том, что зима в стихотворении не только толстовская, но и пушкинская. И даже, наверное, в первую очередь пушкинская, учитывая постоянную перекличку с пушкинскими текстами. В этом смысле и лампа отбрасывает тень «Зелёной лампы», и Фёдор Данилович рифмуется с Фёдором Даниловичем, который входил в круг пушкинских знакомых[9]. Но это, повторяю, возможные пересечения смыслов, аллюзий, бликов памяти, рождающихся непроизвольно из очерченных Ахмадулиной контекстов.

---

[9] Фёдор Данилович Шнейдер был известным московским врачом, штабс-лекарем, значащимся в «Российском медицинском списке на 1866 г.», и «Александр Сергеевич хлопотал в Санкт-Петербурге о получении Шнейдером награды за русско-турецкую войну» [Ракитина 2006].

Путь в Тарусу:
духовные странствия

Путь в Тарусу — одна из тем тарусских стихотворений Ахмадулиной начала 80-х годов, затрагивающая не только физическое перемещение, но и духовные странствия лирической героини. Первое формирует сюжет в пространстве действия, а второе слагает имплицитное пространство, контуры которого всегда обозначены Ахмадулиной либо именами, либо датами, либо значениями, связанными с сакральным измерением[10]. Движение в Тарусу описывается как горизонталью (из Паршина через Пачёво и наоборот), так и вертикалью (духовное движение). И это не только литературоведческое разделение, плод аналитических умозаключений. В данном случае сам поэт настаивает на

______

[10] Границы пространства действия задаются автором (например, усадьба Сорина в «Чайке» или Верона в «Ромео и Джульетте»). Они существуют объективно: каждый, кто читает «Даму с собачкой», скажет, что встреча героев происходит в Ялте, а потом в городе С. и Москве. Имплицитное пространство выстраивается интерпретатором по фокальной точке, и момент субъективности присутствует как в выборе точки, так и в определении имплицитной парадигмы. Отношения между ними — это отношение объекта и тени, где тень в процессе интерпретации обретает значение независимой переменной (как в сказке Андерсена, где тень становится самостоятельным персонажем) [Зубарева 2015б: 128]. Пространство действия как бы отбрасывает «тени», слагающиеся из деталей и подробностей, подсказывающие интерпретатору, с каким имплицитным пространством он имеет дело.

наличии вертикали как ещё одной, скрытой, направленности странствий лирической героини. «Текущее вверх, в изначальное устье, / всё странствие длится», — пишет Ахмадулина в одном из стихотворений, посвящённых Тарусе. Без понимания вертикали мелеет смысл многих её стихов, тускнеет их причудливость, исчезает таинство. И читателю достаётся лишь замысловатая картина описаний пребывания в Тарусе.

Стихи, на которых мы остановимся в разделе тарусских странствий — «Друг столб», «Ночь на 30-е апреля» и «Суббота в Тарусе», — наиболее наглядно демонстрируют принципы, отмеченные выше.

Движение к Субботе

Друг столб

Стихи «Друг столб» (1983), посвящённые Георгию Владимову, относятся ко второй неделе Великого поста. Сюжетно стихотворение придерживается той же модели, что и два последующих: героиня отправляется в Тарусу праздновать субботу «В апреля неделю худую, вторую» (эпитет «худая» означает причастность к Посту — времени, когда тело теряет в весе). Минорный настрой в природе и душе мотивирует её решение отправиться в дорогу.

> В апреля неделю худую, вторую,
> такою тоскою с Оки задувает.
> Пойду-ка я через Пачёво в Тарусу.
> Там нынче субботу народ затевает.

Суббота второй недели Поста — Вселенская родительская суббота, во время которой служится заупокойная служба «Память совершаем всех от века усопших православных христиан, отец и братий наших». Настроение этого дня проясняет, какою именно «тоскою с Оки задувает».

Для того чтобы лучше понять вселенский смысл этой субботы, обратимся к выписке из синаксаря на этот день:

Святые отцы узаконили совершать поминовение о всех умерших по следующей причине. Многие весьма нередко умирают неестественной смертью, например: во время странствования по морям, в непроходимых горах, в ущельях и пропастях; случается, гибнут от голода, на пожарах, на войне, замерзают. И кто перечтёт (перечислит) все роды и виды нечаянной и никем не ожидаемой смерти? И все таковые лишаются узаконенного псалмопения и заупокойных молитв. Вот почему святые отцы, движимые человеколюбием, установили, основываясь на учении апостольском, совершать это общее, вселенское поминовение, чтобы никто, — когда бы, где бы и как бы ни окончил земную жизнь, — не лишился молитв Церкви [Погребение и поминовение… 1995: 98].

В этом всеохватном контексте поминовения отцов и праотцев и совершается движение в Тарусу. Под «соглядатайством» своего дорожного друга Пачёвского столба лирическая героиня, словно парус скорби, развеваемый ветрами с Оки, следует к храму Воскресения.

> Все вёрсты мои сосчитал он и звёзды
> вдоль этой дороги, то вьюжной, то пыльной.
> Друг столб, половина изъята из вёрстки
> метелей моих при тебе и теплыней.

Роль звездочёта, указующего путь, возвышенное положение и знание, куда направляет свои стопы путник, трансформирует дорожный столб в столп указующий, что рождает ассоциацию с Исходом:

Господь же шёл пред ними днём в столпе облачном, показывая им путь, а ночью в столпе огненном, светя им, дабы идти им и днём и ночью. Не отлучался столп облачный днём и столп огненный ночью от лица [всего] народа. (Исх. 13:21, 22)

Ассоциация с библейским столпом вытекает из текста, где мотив исхода близких друзей связан с метафорой столба:

Друг столб, погляди, мои прочие други —
вон в той стороне, куда солнце уходит.

Уходят друзья, уходит солнце… Замена глагола «заходит» на «уходит» в идиоматическом обороте «солнце заходит» воскрешает в памяти строки из другого известного стихотворения Ахмадулиной, где уход друзей так же сопоставлен с уходом света: «Друзей моих стремительных уход / Той темноте за окнами угоден». Так очерчивается вселенский масштаб этого исхода. Только в отличие от столпа указующего, столб Пачёвский, «двуножьем упершийся в поле», печётся не об исходе, а о возвращении («Друг столб о моём возвращенье печётся»). Его упасающая функция проясняется вновь в стихах «Пачёвский мой» (1983):

Чтоб вдруг не смыл меня прибой вселенной
(здесь крут обрыв, с которого легко
упасть в созвездья), мой Пачёвский верный
ниспослан мне, и время продлено.

Строки моей потатчик и попутчик,
к нему приникших пауз властелин,
он ждёт меня, и бездна не получит
меня, покуда мы вдвоём стоим.

Такая вот без-исходная картина возвращения на круги своя, а на самом деле — урок стойкости и веры.

Стихотворение посвящено писателю, лауреату «Русского Букера» (1995) и бывшему редактору отдела прозы «Нового мира» Георгию Владимову (1931—2003), с которым Ахмадулину связывала дружба, большая и сердечная.

1983-й был годом, когда Владимов вынужден был покинуть страну, и Ахмадулина провожала его вместе с Мессерером. Это о нём строки «Последнего вскоре, при аэродроме, / в объятье на миг у судьбы уворую». Спустя почти двадцать лет, на вручении Владимову премии имени Сахарова «За гражданское мужество писателя» (2000 г.), Ахмадулина скажет: «Это человек, который никогда не поступался совестью. И потому талант его свеж, сохранён и опекаем небесами». Но о такой счастливой развязке в 1983-м и помышлять нельзя было.

Горечью и одновременно смирением, интонационно переданным короткими простыми предложениями и вопросом «куда себя дену?», веет от строк:

> О том не кручинюсь. Я просто кручинюсь.
> И коль не в Тарусу — куда себя дену?
> Какой-то я новой тоске научилась
> в худую вторую апреля неделю.

Новая тоска, которой научилась героиня во Вселенскую родительскую субботу, это скорбь не только по тем, кто ушёл, но и по *всему*, что ушло. Для неё этот день ознаменован также и поминовением *прошлых минут*, проведённых с ушедшими друзьями.

О чём именно молилась она в разрушенном храме Воскресения, останется навсегда между нею и Богом. Читателю открыто лишь одно: посещение храма меняет направление стрелки её внутреннего компаса с тоски на неодолимую радость. Похоже, что благая весть, полученная ею во время молитвы в храме, была связана с обещанием возвращения друзей и солнца.

> Уж Сириус возголубел над долиной.
> Друг столб о моём возвращенье печётся.
> Я, в радости тайной и неодолимой,
> иду из Тарусы, минýю Пачёво.

«Ночь на 30-е апреля»

«Ночь на 30-е апреля» (1983) относится к типу стихотворений, в которых странствия по вертикали вынесены в пространство действия, т. е. сюжет строится на полёте, отрыве от земного и выходе в запредельность. Стихи таинственны и фантасмагоричны. Нырнув в первую строфу, сразу же оказываешься затянутым в омут лунности, и фраза о том, что «лунный свет — уже не этот свет», очерчивает инобытие в его космической отверстости. Сопряжённая с таинством луна, вечно пребывающая в двуединой ипостаси зримого и незримого, переносит душу в умопостигаемое пространство несказáнного, где земное размыкается в надмирное: «Не в Паршино хожу дорогой паршинской, / а в те места, каким названья нет». «Нет названья» — ещё один намёк на неизречённую реальность, надмирный ландшафт которой подробно описан в следующей строфе:

> Там у земли всё небесами отнято.
> Допущенного в их разъятый свод
> охватывает дрожь чужого опыта:
> он — робкий гость своих посмертных снов.

Последняя строка недвусмысленно очерчивает тип пространства, в котором оказывается «робкий гость». Разъятость свода, не знающего привычной опоры, даётся сквозь призму обыденного сознания, напуганного безраздельностью, где «нет значений мельче, чем звезда». Созерцая этот «посмертный сон», содрогаешься от непостижимых картин вечности и уже боишься обещанного бессмертия.

> Вблизи звезда сияет неотступная,
> и нет значений мельче, чем звезда.
> Смущённый зритель своего отсутствия
> боится быть не нынче, а всегда.

Пространство земных значений, оставленных позади, предстаёт инверсией потерянного рая, куда стремится «смущённый зритель», словно по ошибке попавший в запредельный вояж. Каким-то чудодейственным образом ему удаётся возвратиться. Однако физическое возвращение не приносит прежнего равновесия. Побывавший в надмирье и потрясённый его картинами уже не может вернуться к прежней простоте восприятия вещей.

> Но ничему не верит ум испуганный
> и малых величин не узнаёт.
> Луна моя, зачем втесняешь в угол мой
> свои пожитки: ночь и небосвод?

Несомненно, стихотворение описывает опыт инобытийных странствий души, возвращённой в преображённом качестве. Дата странствий дана с точностью до часа: «Тридцатый день апреля: два часа». В соответствии с христианским календарём 1983 года, в ночь на 30 апреля заходила Лазарева суббота. Чудо воскрешения Христом Лазаря является центральным воспоминанием христиан в эту субботу шестой седмицы Великого поста. Устремляя взгляд в запредельность, лирическая героиня словно мысленно проигрывает посмертный опыт Лазаря, эмоционально проживая не только отрыв от «бренности земной» и погружение в бездонность отверстых небес, но и потрясение после «приземления», сказавшееся в переоценке «малых величин».

Этими стихами обращение к Лазаревой субботе не ограничивается. «Суббота в Тарусе» (1983), написанная сразу после «Ночи на 30-е апреля», даёт развёрнутый сюжет движения лирической героини к Субботе. Как и в первом стихотворении, Лазарева суббота не названа прямо, но дата (апрельская суббота, близость Пасхи) и другие детали помогают понять, о какой именно субботе идёт речь.

«Суббота в Тарусе»

Столкновение субботы и субботника в день «худой субботы» становится центральной частью сюжета и конфликтом в стихах «Субботы в Тарусе».

Разрушительный субботник — детище режима-антихриста — разрастается сорняковой антисубботой в профанном пространстве покорителей природы. Обуянные идеей хозяев-победителей, они выходят в «сады-огороды» на борьбу со стихиями. С блестящим остроумием даётся завязка грядущей битвы, где квазиэпический пафос пародирует былинный стиль.

> Так дружно весна начиналась: все други
> дружины вступили в сады-огороды.
> Но, им для острастки и нам для науки,
> сдружились суровые силы природы.

Средоточие сил на поле брани, где сдружившиеся дружины готовятся выступить на сдружившиеся силы природы, влечёт за собой грандиозные разрушения в обоих станах, превращая ситуацию в битву без победителя. Энтропия субботника захватывает всё новые участки, сплачивая «борцов» в опасное единство. «Благодетельные» силы природы безуспешно пытаются положить конец этой безумной конфронтации, но все решения в мире субботника принимают «попиратели неба», и конфликт между небесами и попирателями нарастает, достигая кульминации в грозе.

Инородец-апрель, южанин по происхождению, несёт в себе черты Спасителя, обращённого с любовью «к сирым и нищим». Увы! В мире субботников он инородец, к которому никто не желает прислушиваться.

> Апрель, благодетельный к сирым и нищим,
> явился южанином и инородцем.
> Но мы попривыкли к зиме и не ищем
> потачки его. Обойдёмся норд-остом.

Постепенно стихии расшатывают стан бойцов изнутри, и вот уже пьяный субботник выкрикивает похвалы участникам «вырожденья». Во главе этой антисубботы стоит незримый и безымянный антисветоч — «преемник», санкционирующий энтузиазм антисозидателей. Его войско — «захватчики неприкасаемой выси» — зорко следит за неукоснительным соблюдением субботника. Это мир, в котором всё перевёрнуто с ног на голову, где разум отступает перед дикостью эмоций и где разгул замещает свободу. Образы антицветения, разъедающего землю в виде «ярко цветущих коррозий» и «диковинной, миром не знаемой гнили», ассоциируются с повальным разложением, смыкаясь в контексте Лазаревой субботы с описанием разлагающегося тела Лазаря: «Сестра умершего, Марфа, говорит Ему: Господи! уже смердит; ибо четыре дня, как он во гробе» (Ин. 11—39).

Земля — почивший Лазарь, воскресить которого может не субботник, а Суббота. Её зенит приходится на окончание субботника.

> А вдруг нам откликнутся силы взаимны
> пространства, что смотрит на нас обречённо?
> Субботник окончен. Суббота — в зените.
> В Тарусу я следую через Пачёво.

Интересно, что фраза «Суббота в зените» даётся не через запятую, а как новое предложение, в результате чего «Суббота» оказывается написанной с большой буквы. Эта орфографическая уловка позволяет прочесть контекст противостояния субботы субботнику по-новому. Для того, кто подметил этот нюанс, всплывает второй, не календарный, план субботы, восходящий к Субботе.

«Суббота в зените» означает перевод стрелок на вертикальное время. «Зенит» в нём перекликается с библейским «зенитом», а именно — со временем решения Христа идти в Вифанию, чтобы воскресить Лазаря.

Ученики сказали Ему: Равви! давно ли Иудеи искали побить Тебя камнями, и Ты опять идёшь туда? Иисус отвечал: не двенадцать ли часов во дне? кто ходит днём, тот не спотыкается, потому что видит свет мира сего; а кто ходит ночью, спотыкается, потому что нет света с ним (Ин. 11:8—10).

«Двенадцать часов во дне» трансформируется в «зенит» Субботы. С этого момента, повинуясь зову Субботы, лирическая героиня движется в сторону Тарусы — своей Вифании, где почил храм Воскресения. Отсвет Спасителя в лице «благодетельного» апреля прокладывает путь, который расписан поэтапно, «через Пачёво», что в контексте Лазаревой субботы рождает воспоминание о поэтапном движении Христа к Лазарю. Четыре дня, отделявшие Учителя от почившего друга, служили, помимо всего, духовной подготовкой для Его учеников и родных Лазаря, способствуя укреплению их веры *до того*, как они могли лицезреть воскрешение.

Пачёво знаменует собой фазовый переход в эмоциональном состоянии лирической героини, которая проникается сиростью обездоленных мест, ощущая прилив любви к исстрадавшейся земле. Ироничный и зачастую саркастичный тон первой части сменяется на соболезнующий, а отторжение, которое испытывала поначалу лирическая героиня, переходит в сострадание:

> Но всё же какие-то русские печи
> радеют о пище, исходят дымами.
> Ещё из юдоли не выпрягли плечи
> пачёвские бабки: две Нюры, две Мани.

Карикатурность изображения отходит на задний план, и проступает лиричность как знак душевной «съединённости» с картиной русского быта. Так, в процессе движения к храму Воскресения происходит воскресение любви в душе лирической героини, чьи «внутренние очи» застил гнев на «захватчиков неприкасаемой выси».

Прибытие в Тарусу и встречи с её жителями выступают как ряд промежуточных шагов на пути к храму. Она движется по разрухе к руинам («Вот этот овраг назывался: Игумнов. / Руины над ним — это храм Воскресенья»), и картина, кажется, лишена просвета. Но просвет не в материальной целости объектов, а в вере в её восстановление. Вера в оскресение — лейтмотив Лазаревой субботы, и это настроение лирическая героиня и несёт к развалинам храма.

Роль перевалочного пункта играет пивное заведение под названием «Ока». На первый взгляд, «Ока» — профанная ипостась *иорданной* Оки, в которой замыслы лирической героини не однажды проходили своё творческое крещение. Однако дальнейшее развитие действия показывает, что трактир — пространственная точка пересечения двух миров, их преломление друг в друге. Так, прибытие лирической героини ознаменовано грозой и снегопадом, обрушивающимися одномоментно на местность, в соответствии с предреканиями «златоустов пивной». Всё смешалось в этом трактире — профанное и сакральное, верх и низ, небо и грязь, электрик и Вседержитель. Три разнозначных «разряда», поставленные в один ряд, создают комическое триединство небес, земли и человека: грозовые разряды происходят во время «разрядки» в пивной второго разряда. При этом один из активно «разряжающихся» — электрик шестого разряда.

Одни и те же явления по-разному воспринимаются человеком Субботы и человеком субботника. Молния, трактующаяся в мире субботника исключительно как природное явление, в мире Субботы воспринимается как «растрата небесного гнева» и т. д.

> Буксуют в грязи попиратели неба.
> Мои сапоги достигают Тарусы.
> С Оки задувает угрозою снега.
> Грозу предрекают пивной златоусты.

> Сбывается та и другая растрата
> небесного гнева. Знать, так нам и надо.
> При снеге, под блеск грозового разряда,
> в «Оке», в заведенье второго разряда,
> гуляет электрик шестого разряда.
> И нет меж событьями сими разлада.

Гулянье проходит на фоне нарисованного очага, и образ потайной дверцы из «Золотого ключика» немедленно всплывает в памяти, заставляя размышлять о скрытом мире чудесного как оборотной стороне пивной.

> Всем путникам плохо, и плохо рессорам.
> А нам — хорошо перекинуться словом
> в «Оке», где камин на стене нарисован,
> в камин же — огонь возожжённый врисован.

Иконический образ огня и очага, создающий атмосферу тепла и уюта, полисимволичен. Он затрагивает сразу несколько сфер, служа одновременно обманной заменой очага в профанном мире, где электрик «дожигает остаток зарплаты», и тайным знаком Огня в мире чаяния. Архаичная форма страдательного причастия прошедшего времени («возожжённый) вводит сферу сакральной бытийности, где Огнь воскрешает очаг.

Знаменательно и решение лирической героини укрыться от именитых коллег. Переметнувшись на сторону электрика Василия, она меняет учёные речи на «просторечье элегий». Этимология имени Василий намекает на скрытую царственность мира «просторечья». И действительно, в профанном «королевстве» трактира Василий повелевает небесной стихией огня. Все эти ассоциации подготавливают переход в сакраментальное пространство субботы.

> <…> Поищу-ка спасенья.
> Вот этот овраг назывался: Игумнов.
> Руины над ним — это храм Воскресенья.

> Где мальчик заснул знаменитый и бедный
> нежнее, чем камни, и крепче, чем дети[11],
> пошли мне, о Ты, на кресте убиенный,
> надежду на близость Пасхальной недели.

Упоминание близости Пасхальной недели и мысленное обращение к Христу усиливают контекст субботы, высвечивая мотивацию лирической героини получить благую весть от Спасителя, касающуюся родной земли.

> В Алексин иль в Серпухов двинется если
> какой-нибудь странник и после вернётся,
> к нам тайная весть донесётся: «Воскресе!».
> «Воистину!» — скажем. Так всё обойдётся.

В Алексине находится церковь Николая Чудотворца. В Серпухове — городе «трёх церквей» — церкви Успенская, Ильинская и Троицкая. Если предположить, что безымянный странник «двинется» именно этим маршрутом и при этом «вернётся» (в библейском пространстве этому соответствует мотив страха учеников о невозвращении Христа, отправляющегося к Лазарю), то сакральное триединство человека, земли и неба будет восстановлено. Для полуразрушенного же храма движущийся к нему с риском невозвращения «странник» и есть благая весть о грядущем воскресении.

Круг, вертикаль и Палама

Год спустя Ахмадулина обобщит опыт движения к Тарусе в стихах «Дорога на Паршино, дале — к Тарусе…» (1984).

---

[11] Имеется в виду художник Виктор Борисов-Мусатов (1870—1905), скоропостижно скончавшийся в Тарусе и похороненный на берегу Оки на месте, которое он сам указал незадолго до кончины. На его могиле стоит памятник работы А. Т. Матвеева, друга художника, с изображением спящего мальчика.

Образ странствующей лирической героини замещается здесь мифологемой странствия без странника, где странствующий описан в пространственно-временных терминах: с одной стороны, он есть «свойство дороги, черта и подробность», а с другой — движенье «вспять ветра и звёзд». Последнее символизирует странствия во времени — историческом и библейском — с взаимопроникновением сфер бытийного и событийного.

> Дорога на Паршино, дале — к Тарусе,
> Но я возвращаюсь вспять ветра и звезд.
> Движенье мое прижилось в этом русле
> Длиною туда и обратно — в шесть верст.

Вместе с тем это движение *круговое*, описывающее *возвращение* против часовой стрелки. Таруса — культурный социум и одновременно место с «печальным свидетельством распада связи времен» [Ничипоров 2006] — предстаёт перекрёстком экзистенций писателей, поэтов и художников, проживавших некогда на её территории. «Крестный ход» памяти «вспять» стихии забвения описан одновременно как движенье «вперёд».

> Мой ход непрерывен. Я словно теченье.
> Мой долг — подневольно влачиться вперёд.
> Небес близлежащих ночное значенье
> Мою протяженность питает и пьёт.

Этот пространственный алогизм «непрерывного хода» «вспять» и «вперёд» по житийному пространству судеб содержит в себе логику реставрации по горизонтали, где каждый человек — словно храм, нуждающийся в восстановлении. Восстановление внешнего облика храма есть движение к его прошлому. Восстановление духа храма есть движение к будущему.

Ещё один пространственный алогизм в описании «хода» связан с *возвращением*, направленным *вверх*. Сакраментальный смысл этого лучше раскрывается в свете учения Паламы о неблуждающем круговом движении ума.

И если, как говорит один из великих учителей, после падения внутреннему человеку свойственно уподобляться внешним формам, то неужели монаху, который старается возвратить свой ум вовнутрь себя и хочет, чтобы он двигался не прямым, а круговым и неблуждающим движением, не пригодится привычка не блуждать взором то туда, то сюда, но словно на каком-нибудь упоре останавливать его на своей груди или пупке? Свёртываясь внешне по мере возможности как бы в круг, то есть уподобляясь желаемому внутреннему движению ума, он и силу ума, изливающуюся из глаз, благодаря такой форме тела тоже введёт внутрь сердца (I, 2:8) [Палама 2004: 52—53].

Парадигма возврата, описывающая движение в стихах тарусского периода, подытожена в «Дороге на Паршино...» как «круговое движение» памяти. Перекличка с Паламой слышится и в контрапунктном *расподоблении* «внешним формам», когда героиня развоплощается в движение, русло, теченье, протяжённость и непрерывность. «Текущее вверх, в изначальное устье» круговое движение ведёт к Истоку. Как поясняет Палама, приводя высказывание Василия Великого, ум «возвращается к самому себе, а через самого себя к Богу восходит» (I, 2:5) [Палама 2004: 49]. Именно такое неевклидово сочетание динамики круга и вертикали и описывает Ахмадулина в «Дороге на Паршино...», где «пространный» житийный сюжет дороги сохранён, пока «небес близлежащих ночное значенье» питает русло любви, надежды и веры.

«...и храм Свети-Цховели», две родины в поэзии Беллы Ахмадулиной

В книге «Сны о Грузии», изданной в Тбилиси (1977), Ахмадулина так выразила идею двух родин:

Сны о Грузии

Сны о Грузии — вот радость!
И под утро так чиста
виноградовая сладость,
осенявшая уста.
Ни о чём я не жалею,
ничего я не хочу —
в золотом Свети-Цховели
ставлю бедную свечу.
Малым камушкам во Мцхета
воздаю хвалу и честь.
Господи, пусть будет это
вечно так, как ныне есть.
Пусть всегда мне будут в новость
и колдуют надо мной
милой родины суровость,
нежность родины чужой.

Эти стихи, написанные в 1960 году и впервые опубликованные в журнале «Литературная Грузия» (1965), заявили тему двух родин в её творчестве. Это был момент предвидения, словно поэтическая интуиция позволила ей заглянуть туда, куда мало кому дозволено. И сегодня, читая почти пророческое «пусть… колдуют надо мной», видишь, как именно две родины «колдовали», возвращая её к жизни годы спустя.

О колдовстве «родины суровой» Ахмадулина писала в «Глубоком обмороке» (1999) — «загадочном», по определению, цикле стихотворений по следам её клинической смерти и чудесного, по признанию врачей, воскресения [Зубарева 2015а: № 2]. О колдовстве «родины чужой» она писала в новом цикле «Сны о Грузии» (2000), в той же больнице им. Боткина, где создавался «Глубокий обморок»[12].

---

[12] «Это было в московской больнице имени Боткина. Я не хворала, но, по доброму усмотрению врачей, была в больнице, где по ночам писала», — уточнила она в предисловии к циклу «Стихи о Грузии» [Ахмадулина 2000].

Родины разнятся и в описании, и по роли, которую они играют в жизни Ахмадулиной. Разнятся они и по истории и отношению к своей культуре. Пространство «родины суровой» во времена советской России — это пространство нищеты («...и кимрских жён послала нищета / в Москву, / на ловлю нищенской зарплаты»), несвободы, попрания традиций («В том месте — танцплощадка и горпарк, / ларёк с гостинцем ядовитой смеси. / Топочущих на дедовских гробах / минуют ли проклятье и возмездье?»). В пространстве Грузии того же периода — это праздник единения души и духа. В своём эссе о Грузии Ахмадулина вспоминает, как «однажды осенью в Кахетии» их пригласил в дом крестьянин и угостил молодым вином. «Мы едва успели его отведать, а уже все пели за столом во много голосов, и каждый голос знал своё место, держался нужной высоты. В этом пении не было беспорядка, строгая, неведомая мне дисциплина управляла его многоголосьем» [Ахмадулина 1968: 243]. Сравним это описание поющих с описанием в стихах «Суббота в Тарусе»:

Субботник шатается, песню поющий.
Приёмник нас хвалит за наши свершенья.
При лютой погоде нам будет сподручней
приветить друг в друге черты вырожденья.

Пространство Сакартвело изобильно и несёт в себе духовное освобождение. Это место, где воскресает душа, где мысленные встречи с обитателями занебесья радостны и светлы. «Мне приснилось имя этого места земли: так ясно, так слышно, что я проснулась в слезах, но потом весь день улыбалась, и те, кто не знал, что значит САКАРТВЕЛО, — Грузия, Сакартвело — свет моей души, много ласки, спасительного доброго слова выпало мне в этом месте земли, не только мне — многим, что — важнее», — писала она в предисловии к новому грузинскому циклу [Ахмадулина 2000].

Сложные и неоднозначные исторические отношения и пересечения двух родин у Ахмадулиной находят своё разрешение в сфере духовности, которая парит над политическим режимом. Обе родины объединены темой Таинства, по-разному раскрывающейся в пространстве каждой из них. В пространстве «родины суровой» движение к Таинству происходит в одиночку («Субботник окончен. Суббота — в зените. / В Тарусу я следую через Пачёво»); в пространстве «нежной родины» — всегда в сопровождении единомышленников. «Вероятно, у каждого человека есть на земле тайное и любимое пространство, которое он редко навещает, но помнит всегда и часто видит во сне», — писала Ахмадулина в «Воспоминании о Грузии» [Ахмадулина 1968: 243]. В её поэзии тех лет Грузия противопоставлена России как мечта с «золотым Свети-Цховели» реальности с разрушенными храмами («Урод и хам взорвёт Покровский храм…»).

> мне — пляшущей под мцхетскою луной,
> мне — плачущей любою мышцей в теле,
> мне — ставшей тенью, слабою длиной,
> не умещённой в храм Свети–Цховели…
>
> («Мне — пляшущей
> под мцхетскою луной…», 1956)

Собор Свети-Цховели в Мцхете — это духовный центр Грузии. Там хранится хитон Господень — святыня православного мира. В переводе с грузинского «Свети-Цховели» означает «животворящий столб», и этой символикой проникнуто описание храма во втором цикле:

> Спасли грузины убиенный Дождь —
> воскресли струи строк и уцелели,
> и всё совпало: маленькая дочь,
> и Лермонтов, и храм Свети-Цховели.
>
> («Памяти Симона Чиковани»)

Грузия, спасение и воскресение ставятся здесь на одну ступень в «Снах о Грузии», смыкаясь в «бесконечном объятии» под сенью храма. И дело не только в его исторической и религиозной значимости. С храмом Ахмадулину связывает таинство крещения. «Крестили меня уже в возрасте, в грузинском храме Свети-Цховели. Мою крёстную, которую зовут Манана, я очень люблю», — рассказывает она в интервью «Московскому железнодорожнику» [Ахмадулина].

Грузия — это её крёстная родина-мать, мысли о которой проникнуты светом неизречённой реальности. В контексте Таинства «радость», которую несут сны о Грузии, — это ещё и благая весть, а сны это ещё и молитвы о Грузии («Писать — это значит молиться о ком-то»). Молитва в стихах 1960 года в чём-то провидческая, словно иные времена проступали перед внутренним взором поэтессы, когда она писала: «Господи, пусть будет это / вечно так, как ныне есть». Через сорок лет, уже в новых условиях, Ахмадулина повторит «сдвоенную» молитву:

> Удвоенность молитв прими,
> о Боже, — я прошу — о Гмерто!
> Оборони и сохрани,
> не дай, чтоб небо помертвело
> свирельное с и к в а р у л и —
> вот связь меж мной и Сакартвело.
>
> («Памяти Гурама Асатиани»)

И в предисловии к новым «Снам о Грузии» она повторяет свою молитву: «...о Боже, храни этот край земли и все, что мы видим и знаем, и то, что нам не дано знать» [Ахмадулина 2000].

Новые «Сны о Грузии» в чём-то созвучны «Глубокому обмороку», но выполнены в другом, мажорном, искрящемся ключе, невзирая на скорбные нотки. Так же как «Глубокий обморок», «Сны о Грузии» открываются пробуждением лирической героини. Только если в «Глубоком обмороке» это пробуждение от смерти, то в «Снах о Грузии» — это пробуждение от сна. И в том, и в другом случае сон стирает из памяти то, что дорого, а пробуждение возвращает всё с особой остротой. И тот, и другой цикл заканчивается темой послания. В «Глубоком обмороке» последнее стихотворение названо «Послание». В «Снах о Грузии» заключительные стихи завершаются строчками «Нечаянно содеяла посланье». «Послание» в «Глубоком обмороке» адресовано себе («Пишу — себе») и символизирует творческое одиночество, тогда как послание в «Снах о Грузии» посвящено другу Отару Чиладзе.

Та же параллельность метафор распространяется и на ключевые образы двух циклов. В «Глубоком обмороке» «шестидневье» в окружении «крылатого» медперсонала прочитывается как шестикрылье, ассоциируясь с пушкинским шестикрылым серафимом, сначала умертвившим, а затем воскресившим поэта [Зубарева 2015а: № 8]. В «Снах о Грузии» Ахмадулина отрабатывает грузинскую версию, сменив «шестикрылье» на «девятикрылье»:

> нет! то был дэв. Он молвил: Сакартвело.
> Конечно, дэв. Один из девяти.
>
> («Памяти Симона Чиковани»)

Дэв — существо не из приятных, прямо скажем — злобных. У Чиковани это «девять дэвов, девять капель яда», которые в конце нейтрализуются любовью и светом. У Ахмадулиной участие добрых сил выражено опосредованно — в вопросе, которым она задаётся:

> Кто в эту ночь молился обо мне,
> сберечь меня просил святую Нину?

Эту загадку она пытается разрешить всем изощрённым ходом стихотворения. У Ахмадулиной раскрытие тайны (а стихи её выстраиваются вокруг таинственных намёков, которые требуют прояснения) становится тропкой, ведущей к Таинству. На то, куда ведут следы тайны, обычно указывает дата, включённая в текст. В «Памяти Симона Чиковани» дата обозначена в конце: «День августа иссяк двадцать шестой». Можно, конечно, предположить, что это дата написания стихов. Но это мало о чём говорит. Дата в стихах Ахмадулиной обычно проливает свет на скрытые увязки в сюжете. На продуманности сюжета она настаивает, обрамляя стихи завязкой и развязкой.

Завязкой служит пробуждение лирической героини, которая просыпается в слезах, думая, что день не принесёт ей удачи, а в развязке слёзы сменяются «смехом бдений», и день оказывается счастливым. Всё, что происходит между, — представляет загадку. Что повлияло на перемену настроения лирической героини? Почему её посетили злые силы в образе дэва? Это и многое другое нуждается в развёрнутом толковании, поскольку однозначно ответить на возникающие вопросы невозможно. В конце даются три обоснования радости. Во-первых, «итог судьбы преображён в начало». Эта намёк на стихи Чиковани «Начало», которые Ахмадулина переводила. «Начало» посвящено творческому процессу и заканчивается так:

> Вот уже завершается круг.
> Прежде сердце живее стучало.
> И перо выпадает из рук
> и опять предвкушает начало.

В контексте посвящения фраза об итоге судьбы означает не что иное, как окончание работы над стихотворением и движение к следующему. Поскольку для поэта нет ничего страшнее творческой смерти, то «предвкушение начала» новых стихов и есть знак того, что жизнь продолжается. Вторая добрая весть — «больным заметно полегчало». И наконец, третья — это сообщение о том, что сознание стало «смиренно и не вспыльчиво». Но в результате чего всё это произошло? Кто обуздал злого дэва, злые силы болезней и вспыльчивость как внутреннее зло, гнездящееся в сердце?

Ответ кроется в дате. 26 августа — это день празднования иконы «Умягчение злых сердец». «Умягчение» касается не только внешних враждебно настроенных сил, но и нашего сердца. Но кто же «умягчил» враждебные силы? Ответ выстраивается из имён, составляющих духовный фундамент Сакартвело. Прежде всего, это помещённые в текст образы святого Давида Гареджийского и святой равноапостольной Нины. За ними тянется шлейф деталей, связанных с духовным пластом грузинской истории.

Св. Нина, жившая в Иерусалиме, прослышав от иудеев из Иверии (Грузии), посещавших на Пасху Иерусалим, о язычниках, населявших их страну, решила отправиться туда, чтобы распространить среди язычников учение Христа. По преданию, явившаяся ей во сне Богоматерь благословила её, и святая отправилась в путь. Достигнув Мцхета, она начала свою просветительскую деятельность.

Преподобный Давид пришёл в Грузию из Сирии. Он поселился вблизи Тбилиси, но вскоре удалился в Гареджийскую пустынь.

Глаза лирической героини превращаются в средоточие пустыни, по которой столетия спустя странствует Давид:

> Плачь обо всех, доплачься, доведи
> пустыню глаз до нужных им деяний.
> ....
> Моим глазам плач возбранён давно,
> он — засуха за твёрдою оградой…

Пустыня внутри неё — это пустыня духовной наполненности. («Пустынники и девы непорочны», — процитирует она молитву Сирина в пушкинском переводе в «Глубоком обмороке», также исполненном метафор пустыни.) Св. Давид проецируется и на пространство больничной палаты, но обнаружение его присутствия требует незаурядных аналитических способностей от лирической героини. В этом она подобна Шерлоку Холмсу (или его остроумному создателю).

Вот она общается с медсёстрами из Кимр. Одну из них зовут Татьяной (привет от Пушкина!). Если кто-то сомневается, что имеется в виду именно Пушкин, Ахмадулина уточняет:

> «Я Вам пишу»… — вот и пиши, радей!
> Как Таня к няне, я приникну к Тане.
>
> («Памяти Симона Чиковани»)

Пушкин — знак присутствия первой родины. Где первая — там и вторая. Нужно только открыть «внутренние очи». «Люблю мою со всем, что есть, игру / за тайный смысл, за кроткие приветы», — пишет она в «Глубоком обмороке». И поиску «кротких приветов» она посвящает последующие строфы своего поэтического расследования.

Вначале она углубляется в подробности жизни Татьяны. Куда приведёт ниточка?

Дочь Татьяны зовут Ольгой (снова Пушкин). Она выспрашивает об Ольге, и вот тут…

«Привет» первый: в Ольгу влюблён… грузин.

> В дочь Тани Ольгу был влюблён грузин.
> Влюблён и ныне. Объясните, дэвы:
> как он попал в остуду кимрских зим?

Совпадение удивительное. Но она в совпадения не верит. Она верит в Божий промысел, в Соучастие, в Присутствие, но никогда не в случайность. Линия неслучившейся помолвки становится метафоричной, отражая исторический план и современные отношения двух народов, где Грузия играет роль жениха, а Россия — невесты. При этом целомудренное начало несёт Грузия:

> Манил он Ольгу в Грузию свою,
> но запретил и проклял мини-юбку.
> Назло ему, возрадовав семью,
> невеста предпочла соседа Юрку.

Памятуя историю разрушенных российских храмов и сохранного храма Свети-Цховели, можно предположить, что речь идёт о тяжких последствиях разрушенной веры в России, делающих невозможным воссоединение двух родственных в религиозном плане культур.

Следующая ошеломляющая подробность — имя поклонника Ольги:

> К тому же он — Давид, иль, вкратце, Дэви.

Отсюда сразу три «кротких привета». Первый — связь со святым Давидом, второй — связь с царём Давидом Строителем. Обе обыгрываются в тексте:

> Святой и царь, всех кротких опекун,
> смиритель гневных…
> ……………………………………...
> Он в честь твою крещён и наречён.

Третий относится к уменьшительному «Дэви», рифмующемуся с «дэвы». При этом увязка между святым Давидом и дэвами тоже не упускается из виду:

> Да охранит меня святой Давид!
> Смиреннейший, печётся ль он о дэвах?

Так, прихотливо, деталь за деталью выстраивается гипотеза о том, кто молился за неё в ту ночь.

> Мой перевод я изменить хочу.
> Симон простит. Строка во тьму не канет.
> О Господи! не задувай свечу
> души моей, я — твой алгетский камень.

Практически каждая строчка здесь требует отсылки к другому тексту. И это превращает стихи в ребус, который можно разгадать при кропотливом изучении каждого намёка. Ахмадулина несколько облегчает эту задачу, начиная с главного, от чего следует отталкиваться, чтобы не потеряться в деталях. Первая строка («Мой перевод...») несёт в себе ключ к разгадке. Если понять, о каком именно переводе идёт речь, то дальше уже проще ответить на вопрос о том, почему и как именно его хочет изменить автор. Есть надежда, что и молитва, и упоминание об алгетском камне тоже найдут адекватное пояснение. И действительно, читая её перевод стихов Симона Чиковани «Молитва во время бомбёжки», находим следующее:

> Я — человек! И драгоценен пламень
> в душе моей. Но нет, я не хочу
> сиять заметно! Я — алгетский камень.
> О Господи, задуй во мне свечу!
>
> («Молитва во время бомбёжки»)

Последняя строчка стихов Чиковани изменилась на «О Господи! не задувай свечу» в посвящении Ахмадулиной. Смысл этого изменения достаточно ясен и не требует дальнейших толкований. На вопрос о том, что это за такой камень, отвечает сама Ахмадулина на открытии выставки «Мир Кавказа» в Малом манеже, где она читает этот давний перевод:

> Меж тем, этот алгетский камень, который упоминает Симон Чиковани, есть драгоценность лишь его души, потому что есть маленькая речка Алгети и это камушек из этой речки. Примем стихотворение любимого мною поэта за охранительную молитву, чей единственный смысл — защитить, уберечь всех детей, всех людей, все живые существа от грозящей им беды или угрозы. Я много раз думала об этой охранительной любви, и теперь, когда жизнь моя уже имеет опыт многих лет, мне просто хотелось бы, чтобы конец её был достойным [Ахмадулина 2009а].

Здесь сразу несколько вещей, полезных любознательному читателю. Первая — это информация о камушке. Далее — это информация о том, как Ахмадулина интерпретирует эти стихи Чиковани. Для неё они стали охранительной молитвой, «чей единственный смысл — защитить, уберечь». Это отвечает на вопрос, поставленный ею вначале: «Кто в эту ночь молился обо мне…» И в то же время, ответ гораздо шире этого конкретного стихотворения, на которое ссылается в своей речи Ахмадулина.

Творчество Чиковани является отправной точкой, но богатый контекст, на котором всходит поэтическое тело её стихов, неизбежно бродит и другими аллюзиями, упомянутыми ею в той или иной связи. Двойственность, которая получается в результате, сродни кинематографическому эффекту. Например, Ахмадулина пишет:

> там, возле Мцхета. Если глянешь ввысь —
> увидишь то, чему столетья мстили
> за недоступность выси.

Первый образ, который вырисовывается, — это Мтацминда (Святая гора) или гора преп. Давида с пантеоном вокруг церкви преп. Давида, где похоронены, наряду с деятелями искусств, народными героями и художниками, известные писатели. Среди них — Симон Чиковани.

И тут же начинают брезжить очертания другой горы — Синая. В конце жизни св. Давид отправился на гору Синай. Однако, взошедши на гору, он посчитал себя недостойным приблизиться к святым местам и послал вместо себя своего ученика, а сам молился у городской стены. На прощание он взял с собой три камня, лежащие у стены, в качестве благословения от Святого Града, но Патриарх Иерусалима велел ему вернуть два, а третий был принесён в Гареджийский монастырь и хранится по сей день в сокровищнице Сионского собора в Тбилиси.

Сиони (так называют этот собор) несколько раз подвергался разрушениям. Восстановление его связано с именем Давида Строителя. Намёк на это содержится в следующих строках Ахмадулиной:

> Но наипервым из камней
> возглавил высь Давид Строитель.

Как видим, и «высь», и «камушек» обрастают вторым, сионским, планом, просвечивающим сквозь первый и расширяющим сакраментальное пространство Грузии.

История с алгетским камушком присутствует в стихотворении в качестве загадки:

> Врач удивлён: — Вы — камень? Но какой? —
> Смеюсь и помышляю об ответе.
> — Я — камушек, взлелеянный рекой
> грузинскою, её зовут Алгети.

Непонимание врача забавляет лирическую героиню. Диалог с ним звучит также иронией и по отношению к читателю, недостаток знаний которого служит причиной его извечного недоумения. И читатель уже готов поставить поэту «диагноз», приняв собственное незнание за упущения поэта. Ситуация доктора и больного — это ситуация здравого, уверенного в своём суждении читателя и «нездравого» поэта.

> Внимает доктор сбивчивым речам,
> как Боткину когда-то удавалось.
> — Вы сочинять привыкли по ночам. —
> Сбылись анализ крови и диагноз.

Всё это лишь веселит лирическую героиню, чья безбрежность прочитывается врачевателями её стиля как небрежность. Она верна себе и только себе и не пытается популяризировать себя для массового или вообще какого-либо читателя. Как она сама об этом пишет:

> Читатель не предполагает
> и не мерещится уму,
> ум потому и не лукавит.

(«Памяти Симона Чиковани»)

В пятом, предзавершающем стихотворении цикла она вновь возвращается к датам, цитируя себя:

«День августа двадцать шестой» —
сей строчке минул полный месяц.
День сентября двадцать седьмой
настал.

Самоцитата усиливает важность первой даты, заставляет вновь обратиться к её скрытому плану. Почему в ту ночь прозвучало имя Грузии и почему стихи Чиковани, на которые ссылается Ахмадулина, связаны с войной? В пятом стихотворении тема войны достигает своего развития и кульминации. Ахмадулина «подсказывает», о какой именно войне идёт речь:

…война
между Бичвинтой и Пицундой.

Как поясняет Ахмадулина, «Бичвинта — грузинское, Пицунда — абхазское название одного и того же города» [Ахмадулина 2000]. 25 августа 1990 года Абхазия была провозглашена суверенной Абхазской Советской Социалистической Республикой. В дальнейшем события развивались трагически. Не потому ли в ночь с 25 на 26 августа ей приснился зловещий дэв? Имя Ираклия Амэраджиби, убитого в 1992 году во время войны между Грузией и Абхазией, когда он пытался спасти незнакомую журналистку, следует сразу за строфой о войне:

В уме не заживает мысль:
зачем во прахе, а не вживе
краса и стать спартанских мышц
Ираклия Амирэджиби?

Смерть его становится символом единения, а не разъединения двух народов. «Воины-абхазы пришли попрощаться с убитым героем, павшим за свободу нашей общей родины — Грузии», — пишет спустя годы Нона Гамбашидзе [Гамбашидзе 2013].

В этом контексте читается дата 27 сентября — день памяти и одновременно праздник для абхазцев, отвоевавших Сухуми (1993). Для Грузии этот день стал «символом огромной боли, разрушения и невосполнимых потерь», которые повлекла за собой «братоубийственная война» [Чарквиани 2015].

> Но со мной
> вот что недавно приключилось.
> Я обещала, что смешлив
> мой будет слог — он стал
> прискорбен.

Так начинает Ахмадулина пятое стихотворение цикла. Прискорбный слог смешивается с запахом самшита («Вдруг ноздри вспомнили самшит») — символом скорби и бессмертия одновременно. Это вечнозелёное древнее растение используется для озеленения кладбищ. От самшита отпочковываются новые образы с включением таких слов, как «скончанье», «стенанье», «усилье рёбер», и постепенно весь ассоциативный ряд реализуется в тему войны, вражды, разлада «людей с людьми», завершаясь апокалипсическим аккордом «скончанья дней».

В сакраментальном плане 27 сентября празднуется Воздвижение Животворящего Креста Господня. Это «отрадно-грустное воспоминание событий обретения честного и достопоклоняемого древа этого Креста Господня» [Скабалланович 2004: 7] удивительно созвучно скорбному плану современных событий. В связи с библейской датой прочитываются и другие детали. Например, самшит ассоциируется также с Вербным воскресеньем, предшествующим распятию Христа: в Грузии православные украшают дома ветками самшита на Вербное воскресенье. Так вывязывается сложное эпическое повествование, затрагивающее множество уровней, включая исторический, библейский, литературный и автобиографический.

Весь цикл выстроен по типу кинопоэмы «Цвет граната» Параджанова, где времена и судьбы поданы сквозь биографию и произведения поэта Саят-Нова. Упоминание граната («Младенец-плод, расцвёл гранат. / Я это видела впервые…») в третьем стихотворении цикла («Памяти Гурама Асатиани») устремляется и к «Гранатовому дереву у гробницы серафиты» Чиковани, и к эпизоду из жизни Ахмадулиной, которой была подарена веточка граната Гурамом Асатиани во время их прогулки, и конечно же к «Цвету граната», эстетикой которого Ахмадулина явно была околдована. Быстросменяющиеся, несколько театральные по образности картины «Снов о Грузии» воспринимаются сквозь призму этого шедевра кинематографии. В некрологе о Параджанове Ахмадулина писала: «Параджанов не только сотворил своё собственное кино, не похожее на другое, он сам был кинематограф в непостижимом идеале, или лучше сказать: театр в высочайшей степени благородства, влияющий даже на непонятливых зрителей» [Ахмадулина 1996: 160]. То же можно сказать и о её творчестве. В своей поэзии она выстраивает храм, который зиждется на двух культурах и единой вере. Он несёт в себе то, «что — прежде сущего всего». Лишившись этого, поэзия перестаёт быть.

ТАЙНА
ТВАРНОГО МИРА

«Я в таинствах подозреваю сад...»

Много тайн сокрыто в стихотворении Беллы Ахмадулиной «Есть тайна у меня от чудного цветенья...» (1981).

> Есть тайна у меня от чудного цветенья,
> здесь было б: чуднАго — уместней написать.

Интригуют сразу две вещи в «зачине»: во-первых, упоминание тайны, а во-вторых, намёк на какое-то загадочное «чудное цветенье». Критик уже готов погрозить пальцем и попенять Ахмадулиной на штамп — мол, неужели не нашлось в арсенале большого поэта более подходящего эпитета? Но она тут же охлаждает его пыл, уточняя: «чуднАго». И эпитет превращается в следующую загадку, но уже подсказывающую, что тайна имеет отношение к старинной орфографии, а точнее — к одной отсутствующей в современном алфавите букве:

> Не зная новостей, на старый лад желтея,
> цветок себе всегда выпрашивает «ять».

Почему цветок выпрашивает «ять», ясно тому, кто знаком с прежним правописанием этого слова: до языковой реформы 1917—1918 годов «цветок» писался через «ять»: цвѣтокъ. Это, казалось бы, чисто орфографическое различие в написании, трактуется в стихотворении как подмена живого на искусственное. Дальше — больше. Оказывается, что и природа не может обходиться без ѣ: увядая, живой цветок, не знающий «новостей», т. е. грамматических реформ, выпрашивает себе «ять», словно от этой буквы зависит его воскрешение.

> Есть тайна у меня от чудного цветенья,
> здесь было б: чуднАго — уместней написать.
> Не зная новостей, на старый лад желтея,
> цветок себе всегда выпрашивает «ять».

Итак, конфликт обозначен уже в бутоне завязки стихотворения как несоответствие между тем, что цветок есть по своей (письменной) природе, и его новым портретом, представленным в современной орфографии. При этом намёк на свойство «ятя» воскрешать сделан довольно прозрачно. Правомочен ли он?

Обратимся к истории грамматических реформ, чтобы лучше понять, что же имела в виду Ахмадулина, сокрушавшаяся о репрессированной букве. О том, как проводилось «вытаптывание языка» («Коль вытоптан язык — и вам не устоять») в три этапа, подробно повествует Дмитрий Быков в «Орфографии»:

Подготовительный этап реформы начался в 1899 г., когда собралась Первая орфографическая комиссия при Московском университете. Вторая комиссия функционировала в 1901 г., тоже при университете, но уже Казанском; почти одновременно с ней возникла третья, при Новороссийском. Предложения комиссий широко обсуждались учёными и учителями (главным аргументом в пользу реформы правописания была именно трудность и кажущаяся бессмысленность усвоения русской орфографии, её недоступность простонародью, низкая успеваемость гимназистов). В 1904 г. подкомиссией Академии наук под председательством Ф. Фортунатова было разработано «Предварительное сообщение» о готовящейся реформе.

Академию наук тогда возглавлял либеральный великий князь Константин Романов, более известный как слабый поэт и драматург К. Р. Он лично стал во главе комиссии по реформе правописания, которую собрал впервые в достопамятный день 12 апреля (ст. ст.). На следующий день собралась подкомиссия, сформированная для разработки конкретных предложений по реформе. Её центром были А. Шахматов и Ф. Фортунатов — крупнейшие специалисты по истории русского языка. Как всякие историки, они обращали внимание прежде всего на тенденцию: письменная речь во всём мире год от года теснее смыкается с устной, лишние буквы и тяжеловесные обороты отпадают, а торжествует здоровая простота.

Предложения были радикальны. Первое: никакого ятя [Быков 2003].

Т. М. Григорьева в статье «Старая орфография в новое время» цитирует С. Сперанского («Народная школа в рабстве у буквы ять»), где он приводит жалобы учителей по поводу бедственного положения «начальной школы, которая безжалостно "выбрасывала" всех, не преодолевших ятевого списка». В частности, Сперанский отмечал, что:

— На бесплодное заучивание грамматики и правописания приходится тратить почти половину трёхлетнего курса сельской школы.

— Буква ять нас замучила.

— Буква ять отнимает половину учебного года, и всё же ученики, выйдя из школы, скоро забывают её правописание.

— Если бы не эта буква, то половину существующей программы можно смело увеличить и успешно пройти за это время, если ять изгнать из употребления [Григорьева 2001].

Предложение комиссии по отмене ятя и других букв вызвало оппозицию. Одним из главных аргументов Л. Толстого, например, было то, что изменение правописания изменяет «портрет» слова, а это существенно удлиняет чтение, поскольку при быстром чтении охватывается именно «картинка» в целом. Аргумент неубедительный, как пишет Быков. Но только с точки зрения скоростного чтения. С точки же зрения эмблематики аргумент более чем существенный, поскольку изменение «портрета» влечёт за собой изменение сути. Суть же в значении каждой из отменённых букв, их символике числовой и понятийной (как это осталось в иврите). В этой символике «ять» является чуть ли не главенствующим, ибо связана с понятиями целостности или святости.

Итак, в словесной вселенной «ять» обозначает Творца, и отказ от столь значимой буквы ведёт не только к подмене портрета слова, но и к искажению его концепции. Чтобы лучше представить себе, по какому именно пути идёт замена, обратимся к значению заменившей «ять» букве «е». «Е» происходит от греческой буквы «эпсилон» и означает, в частности, «есть» и «естество». Подмена ѣ (от «ятый» — целостный или «святый») на «е» по сути — идеологическая подмена, связанная не только с портретом слова. Эта акция была «направлена на подрыв одной из самых существенных корневых метафор в картине мира» [Сандомирская 1991]. Теперь становится ясней смятение цветка, выпрашивающего себе запрещённую букву. «Цвѣтокъ» несёт в написании символ Творца, тогда как «цветок» — всего лишь атрибут природного мира, дитя естественного отбора. Подмена равноценна водружению на трон Лжедмитрия. Как видим, Ахмадулина сетует не на утрату чего-то формального в орфографии, а на контрреволюцию в грамматике, свергнувшей Творца, заменив его природой.

Весь скрытый ход стихотворения направлен на то, как раздобыть этот чудодейственный ѣ, дабы наступило воскрешение словесного сада, а шире — родной литературы. Задача раздобыть запретный ѣ и вернуть его на место аналогична возвращению ипостаси Творца в словесный мир. Тайна чуднАго цветенья, которой владеет лирическая героиня Ахмадулиной, должна помочь ей в этом. Её миссия — сделать почву своего словесного сада животворящей вопреки неблагоприятному орфографическому климату. Дело в том, что суровые орфографические условия влекут за собой потерю «услады правописанья», что опасно, ибо цветок, не заключающий в себе «сладость», не привлечёт и медоносную пчелу, а это грозит исчезновением «красы полей», т. е. закатом литературы, не источающей аромата.

> Где для него возьму услад правописанья,
> хоть первороден он, как речи приворот?
> Что — речь, краса полей и ты, краса лесная,
> как не ответный труд вобравших вас аорт?

Сближение мира природы и художественной вселенной в стихотворении идёт по пути установления мосточков-соответствий между природой как живым зеркалом Творца и языком как зеркалом Логоса. Любая аналогия, перекочёвывающая из мира природы в мир тетради, способствует взрыхлению и оживлению вытоптанной почвы. Переопределив понятие родины как *родной грамоты*, лирическая героиня призывает своих «соотечественников» возделывать родное поле.

> Лишь грамота и вы — других не видно родин.
> Коль вытоптан язык — и вам не устоять.
> Светает, садовод! Светает, огородник!
> Что ж, потянусь и я возделывать тетрадь.

Возделывание идёт по отдельным «цветам», начиная с буквицы. Буквица означает в типографии крупную начальную букву, отличающуюся витиеватым дизайном, несущим в себе образ произведения. В природе с буквицы начинается повествование весны, так как буквица относится к первоцвету, имеющему много разных названий.

> Отраден первоцвет для зренья и для слуха.
> — Эй, ключики! — скажи — он будет тут как тут.

> Не взыщет, коль дразнить: баранчики! желтуха!
> А грамотеи — чтут и буквицей зовут.
>
> Ах, буквица моя, всё твой букварь читаю.
> Как азбука проста, которой невдомёк,
> что даже от тебя я охраняю тайну,
> твой ключик золотой её не отомкнёт.

Для знатоков растений ясно, что «золотой ключик» — не идиома, а игра смыслов: так в народе называют первоцвет за жёлтые цветочки, которые растут будто в связке (другие названия первоцвета — баранчики, желтуха и пр.). По преданию, ключиками весна открывает дверь в лето. Так от соответствий грамматических и обиходных «возделывание» переходит к соответствиям понятийным. На этой стадии смысловые мостики должен достроить трудолюбивый читатель, ибо эта часть относится к тайне.

> Фиалки прожила и проводила в старость
> уменье медуниц изображать закат.
> Черёмухе моей — и той не проболталась,
> под пыткой божества и под его диктант.
> Уж вишня расцвела, а яблоня на завтра
> оставила расцвесть... и тут же, вопреки
> пустым словам, в окне, так близко и внезапно
> прозрел её цветок в конце моей строки.

Фиалки, черёмуха, вишня, яблоня... По этой тропке названий начинается движение к первому чуду — «прозреванию» цветка в конце строки в тетради лирической героини-поэта («так близко и внезапно // прозрел её цветок в конце моей строки»). В живом саду перечисленные цветы и деревья всего лишь ряд растений, лишённых символики. В словесном же саду (и в контексте поисков «ятя») каждый цветок обогащён сакраментальной эмблематикой. Так, фиалка звалась на Руси «Троицын Свет», поскольку она объединяет в трёх нижних лепестках «всевидящее око Бога Отца или три лика Святой Троицы»

[Бриллиантова]. «Фиалкой смирения» была также названа Дева Мария. Медуница ассоциируется с образами Адама и Евы из-за её цветков: синие цветки связывали с Адамом, а розовые — с Евой. Черёмуха символизирует девственную чистоту и Россию, вишня считается в Украине божественным деревом, а символика яблони связана с Древом жизни.

Постепенное движение по саду цветений, сочетающему в себе основные ветхозаветные и новозаветные образы, приводит к появлению цветка в конце строки. Это знак того, что граница между цветами сада реального и словесного постепенно стирается и мир живой начинает бурно смешиваться с миром словесным.

> Стих падает пчелой на стебли и на ветви,
> чтобы цветочный мёд названий целовать.
> Уже не знаю я: где слово, где соцветье?
> Но весь цветник земной — не гуще, чем словарь.

Сближение природы и слова звучит отголоском Сотворения, его вариацией, обыгрывающей жизнетворную силу Слова. И невольно приходит на ум мысль «теологов Средневековья о том, что Бог явил свою мудрость не только через слово своей первой книги — Священного Писания, но и посредством второй "книги" — сотворенного им мироздания с землёй и всеми населяющими её животными и растениями» [Маркова 2006].

Сад, разлившийся под пером лирической героини, — верный знак того, что ѣ был возвращён цветку. Как же это произошло? Ответ на этот вопрос скрывается в двух первых строках последней строфы.

> В отместку мне — пчела в мою строку влетела.
> В чужую сласть впилась ошибка жадных уст.

Если в предыдущей строфе стих падал «пчелой на стебли и на ветви», то теперь настоящая пчела из сада посетила тетрадь, как бы подтверждая, что стиху удалось привнести в строку живую сладость сада. Сближение словесного цветка с пчелой достигается за счёт их сближенной функции: функция стиха — «целовать мёд названий» — уподоблена действию пчелы, «впивающейся» в сладость строки. Помимо этого, живая пчела привносит ещё и зрительный образ в строку. Приземлившись на слово, впиваясь в его «сласть», она одновременно становится и частью слова, принимая вид орфографической ошибки («ошибка жадных уст»). Какой именно? Помня, что цветок «себе всегда выпрашивает "ять"», мы можем предположить, что «ошибкой» и будет «ять». Но откуда он взялся в тетради и какая связь с пчелой?

Чтобы ответить на этот вопрос, нужно представить, как бы выглядело графическое изображение пчелы в картинке алфавита. Пчела в орфографическом королевстве не может выглядеть как буква «е», но её графическое изображение с развёрнутыми крыльями вполне может ассоциироваться с ѣ. Таким образом, «ошибка» на поверку оказывается исправлением ошибки. «Ять» возвращён цветку пчелой — носительницей Божественной «сласти», одним из символов Богоматери в христианстве. Весь этот процесс сплетений природы и Слова проясняет метафору «чуднАго» цветенья. Ну а что же есть тайна, упоминание о которой обрамляет стихотворение, появляясь в конце?

> Есть тайна у меня от чудного цветенья.
> Но ландыш расцветёт — и я проговорюсь.

О тайне не поведано. Читатель остаётся в неведенье относительно неё. Хотя нет, не совсем так. В завершающей строке дан намёк на связь тайны с появлением ландыша. Почему именно ландыша, какой особый смысл в этом скрыт?

Ландыш расцветает в мае. В христианской символике «май — месяц весеннего цветения — был посвящён Марии, и существовал обычай в мае служить 31 цветочную службу, по одной на каждый день, отмечая её каким-либо цветком» [Маркова]. Подготовленный всем тайным объединением небесных деталей, образ Марии брезжит в завершающей строке стихотворения символикой ландыша, имеющего ещё одно название — «колокольчики Марии». По преданию, ландыш вырос из пролитых слёз Девы Марии, поэтому он ассоциируется с новой жизнью, возрождением и является символом второго пришествия Христа. В стихах празднику Воскресения соответствует воскрешение «ятя» усилиями пчелы как ещё одной ипостаси Марии. Все эти превращения становятся возможными благодаря усилиям поэта — его высокому настрою, стойкости и кропотливой работе садовника по восстановлению «вытоптанного языка» (читай: культуры). Но главное — это его умение разглядеть *таинство* в свершающихся природных сменах. Так может быть, это умение и есть тайна «от чуднАго цветенья»?

«Соседка капля — капле не близнец...»

Концепция Единственности проходит через всё творчество Ахмадулиной. Вокруг этой идеи вращается диалог в «Приключении в антикварном магазине» (1964): «Нет, я ценю единственность предмета, / вы знаете, о чём веду я речь». Уникальность созданного декларирована в «Роде занятий» (1982): «Рознь луне луна. / И вечность дважды не встречалась с ней же». Та же мысль обыгрывается три года спустя в «Поступке розы» (1985): «Всему есть подражатели на свете / иль двойники. Но роза розе — рознь». При этом заявление о двойниках звучит как расхожее мнение, а замечание о розе или о любом другом конкретном предмете, который наблюдает лирическая героиня, — как заключение, растущее из опыта. И в этом намечен скрытый конфликт между шаблонным представлением о повторяемости всего и реальностью, разрушающей это представление. Так, в «Свете и тумане» (1981) читаем:

> Сколь ни живи, сколь ни учи наук —
> жизнь знает, как прельстить и одурачить,
> и робкий неуч, молвив: «Это — луг», —
> остолбенев глядит на одуванчик.

Шаг за шагом ведёт Ахмадулина своего внимательного читателя к истине, лежащей в основе всего тварного, т. е. к неповторимости его в пространстве и времени. Отталкиваясь от общего (луг), она уводит к единичному (одуванчик), заставляя учёного «неуча» вглядеться в это чудо природы и увидеть отличие его от таких же одуванчиков. С этого момента внимание наблюдателя приковано к неповторимости всего сущего. В ней и кроется Единственность как печать Создателя, смыкающаяся с таинством.

Настроенность глаза на Единственность отражает настроенность души на Творца. Раскрытие концепции Единственности в «Свете и тумане» выдержано в духе второй недели Великого поста, которая называется седмицей светотворных постов. Во время богослужения вспоминаются святые причастники и защитники благодатного света, а воскресенье отдано празднованию памяти Григория Паламы, защитника православного учения о Божественном свете, учившего, что Господь озаряет верующих во время поста фаворским светом. Синаксарь на этот день начинается стихами: «Света светлого проповедника ныне воистину велия: / Источник света к незаходимому водит свету».

Дата 26 марта, ставшая частью поэтического текста, а стало быть, и подтекста, отсылает к конкретному дню второй седмицы Великого поста — празднованию перенесения мощей св. Никифора. Это событие структурирует имплицитную конфронтацию между властителем и Вседержителем, пронизывающую все уровни стихотворения. Имеется в виду спор св. Никифора, патр. Константинопольского, с императором Львом V Армянином по поводу православных икон. Лев V «устранял иконы и все те части богослужения — тропари, стихиры, — в которых замечались идеи иконопочитания. На их место сочинялись и вставлялись новые строки в духе иконоборческого богословия. Написаны были новые учебники для учителей и школ с целью перевоспитать юношество. Повторялась старая история. Гонение было тяжко своей систематичностью, всеобщностью, сыском и шпионажем» [Дворкин 2005].

Параллели с гонениями в советскую эпоху напрашиваются сами собой. «Невозможно произнести ни одного благочестивого слова, — пишет преподобный Феодор, —

опасность близка, так что муж опасается жены своей. Доносчики и записчики наняты императором для разведки: не говорит ли кто чего неугодного кесарю или не уклоняется ли от общения с нечестием или не имеет ли какой-нибудь книги, содержащей сказания об иконах, или самой иконы, не принимает ли изгнанного или не помогает ли содержимым под стражей ради Господа? И если будет обличен в этом, тотчас схватывается, бичуется, изгоняется, так что и господа преклоняются перед рабами под страхом доноса» [Дворкин 2005].

На этом фоне яснее проступает сила мужества, с которым св. Никифор открыто, лицом к лицу разоблачал ложность доводов императора о том, что иконопоклонение есть идолопоклонничество. В качестве доказательства он приводит в пример храм Соломона с золотыми херувимами, напоминая Льву V Армянину о том, как «облако наполнило дом Господень; и не могли священники стоять на служении, по причине облака, ибо слава Господня наполнила храм» (3Цар. 8:11). Метафора тумана в стихотворении *скрывает* в себе эти доводы о Славе Господней, явленной в *облаке*, сплетая их с учением Паламы о Свете.

Аллюзиями на учение Паламы пронизаны образы и идеи «Света и тумана». Концептуальный фундамент стихотворения опирается на тезис Паламы о знании, высказанный им в споре с Варлаамом Калабрийским, на чём подробнее мы остановимся ниже. Стихотворение состоит из десяти строф, и каждая пятёрка начинается с метафоры знания. Это двучастное композиционное деление интенсивнее оттеняет зеркально отражённые темы «свет — туман» (в первой части) и «туман — свет» (во второй части).

Так, первая часть открывается темой профанного внешнего знания. В этой части «свет и туман» выступает сатирической антитезой, намекающей на туман в голове основателей догмы «ученье — свет».

> Сколь ни живи, сколь ни учи наук —
> жизнь знает, как прельстить и одурачить,
> и робкий неуч, молвив: «Это — луг», —
> остолбенев глядит на одуванчик.

Оппозиция между официально принятой ложной догмой и истиной, открывающейся на персональном уровне, звучит вступительным аккордом к симфонии тумана и света. Догма «властителя» гласит, что единичное вбирается общим и растворяется в нём как одуванчик в луге (читай: как личность в коллективе). Жизнь же как зеркало Творца являет совершенно иную картину: мир — это коллекция уникальностей, а не уникальный коллектив. Творец не штампует Свою продукцию. Он трудится над созданием неповторимостей. Пространственный образ луга как растительного «коллектива» раскрывает несостоятельность идеи единообразия, рассыпающейся на неповторимые одуванчики и капли при встрече с «робким неучем», способным разглядеть единичное и поразиться его особенностям. Эта встреча построена на парадигме «имеющий глаза да увидит».

Противопоставление умственного знания о луге чувственному восприятию отдельного цветка служит отсылкой к Паламе, который писал: «Как глаза чувственного зрения видят чувственное солнце, так праведники глазами души видят умный свет...» Свет знания, конечно, никто не назовёт умным и духовным, а божественный свет является и умным, когда действует, и умопостигаемым, когда созерцается нашим умом через умное чувство; и он же, входя в разумные души, освобождает их от случайного незнания, приводя их от многих правдоподобий к единому и цельному знанию» (I, 3:3) [Палама 2004: 65]. Похоже, что «робкий неуч» из «Света и тумана» сумел увидеть глазами «чувственного зрения» то, что помогло ему возвыситься над «случайным незнанием», обрести «умное чувство» и освободиться от «правдоподобного» знания, приблизившись в душе своей к «единому и цельному знанию», т. е. к Единственности.

Палама призывает различать внешнее и духовное знание. Иоанн Мейендорф подчёркивает, что св. Григорий Палама «положительно относился к естественному познанию Бога, хотя ему и не представился случай, вследствие общего направления полемики, развить свои мысли о нём подробнее: "Познание тварей, — пишет он, — заставляло человеческий род возвращаться к познанию Бога до закона и пророков…"» [Мейендорф 1997: 497]. Отсюда и его концепция мира как зеркала Творца.

Внешняя учёность, по Паламе, является лишь «природным знанием», а не духовным. Природные знания имеют позитивное влияние в том случае, если человек не замещает ими всё и знает меру. Палама пишет: «…умопостигаемые вещи даже и не затмевают друг друга, но наоборот, каждая возрастает в своей красоте, когда появляется другая, более высокая, тем более при явлении самой божественной силы, творящей всякую красоту! Никто не скажет, что вторые светы, имею в виду надмирные природы, блекнут в сиянии первого Света; даже много уступающий им, но всё-таки свет, имею в виду наш рассудочный и умственный свет, не стал тьмой, когда воссиял Божий Свет, который ведь и пришёл для того, чтобы "просветить всякого человека, приходящего в мир". И только Его противник, будь то ангел или человек, сам себя вольно лишив света, был оставлен Светом и оказался тьмой. Так вот и внешняя мудрость, противопоставив себя мудрости Бога, стала глупостью (I, 1:12—13)» [Палама 2004: 24]. Именно с такой глупостью и сталкивается «робкий неуч», удивлённо разглядывающий одуванчик.

В стихотворении естественное познание становится одновременно и познанием ограниченности умственного знания. Зрение и ум воспринимают реальность по-разному: зрение делает акцент на уникальности каждого объекта, тогда как ум ратует за обобщённое видение. Первое ведёт к Свету как Творцу Единственности, второе тяготеет к тьме, если не знать меры. Единственность, «возрастающая в своей красоте» через новые творения, открывается глазу, обращённому к Первоисточнику, Чей Лик отражён в природе.

На скрещении двух сфер — науки и жизни — разворачивается ассоциативно-образная парадигма «учёный-неуч и всезнающая жизнь». Эффект присутствия фигуры Создателя усиливается метафорой двойного возвышения, переданной сочетанием эпитета «занебесный» с предлогом «над».

> Нельзя привыкнуть и нельзя понять.
> Жизнь — знает нас, а мы её — не знаем.
> Её надзором, в занебесном «над»
> исток берущим, всяк насквозь пронзаем.

Жизнь, пуповиной-истоком связанная с «занебесным», проливается в бесконечность мириадами уникальных творений. Их сопряжённость в беспредельности представляет загадку, внеположную разуму.

> Мгновенье ока — вдохновенье губ —
> в сей миг проник наш недалёкий гений,
> но пред вторым — наш опыт кругло глуп:
> сплошное время — разнобой мгновений.

Динамика размышлений первой части приводит лирическую героиню к заключению о том, что традиционное знание не проясняет тайны, перед которой «наш опыт кругло глуп», а, напротив, затуманивает её. В этот умозрительный «туман» и погружается «робкий неуч» и робеющий «второгодник» в конце первой части стихотворения.

> робею знать, что значат письмена, —
> и двадцать раз уже я второгодник.

Вторая часть также открывается метафорой обучения.

> Вот — ныне, в марта день двадцать шестой,
> я затемно взялась за это чтенье.
> На языке людей: туман густой.
> Но гуще слова бездны изъявленье.

Ключевое слово «чтенье», ассоциирующееся с процессом обучения, появляется вместе с разграничением двух типов языка — людского и языка изъявления бездны. Людской язык представлен как грубый и приблизительный, пригодный для обыденных вещей. Язык изъявления бездны вбирает в себя обыденный язык, но сочетает его с «густотой» бездонности. Туман играет вспомогательную роль «охранительной стены», разделяющей мирское и сакраментальное.

> Какая гордость и какая власть —
> себя столь скрытной охранить стеною.
> И только галки промельк мимо глаз
> не погнушался свидеться со мною.

«Гордость» и «власть» — ключевые слова, по которым восстанавливается связь тумана с облаком, являющим славу Господню. Существительное «бездна», намекающее на бездонность изъявляющего Себя в тумане, в сочетании с эпитетом «густой» немедленно ассоциируется с явлением Господа Моисею на горе Синае:

> И сказал Господь Моисею: вот, Я приду к тебе в *густом* облаке, дабы слышал народ, как Я буду говорить с тобою, и поверил тебе навсегда. И Моисей объявил слова народа Господу (Исх. 19:9). (Курсив мой. — *В. З.*)

Чтение «изъявленья бездны» под прикрытием тумана отсылает к скрижалям. Это, в свою очередь, поясняет, о какой именно «гордости и власти» говорится. Власти сподобился Моисей, которого Бог избрал для того, чтобы вручить ему скрижали с десятью заповедями, велев ему подняться на Синай. Подобная власть конечно же должна была быть воспринята с гордостью.

> И сошёл Господь на гору Синай, на вершину горы, и призвал Господь Моисея на вершину горы, и взошёл Моисей. И сказал Господь Моисею: сойди и подтверди народу, чтобы он не порывался к Господу видеть Его, и чтобы не пали многие из него (Исх. 19:20, 21).

Наблюдая туман, лирическая героиня словно проживает то состояние, которое должен был пережить Моисей, восходя на облачную гору, поэтому слова о гордости и власти относятся не к ней, а к нему. Думая о нём, она и восклицает: «Какая гордость и какая власть...» «Знания», полученные Моисеем в густом облаке, привели к Свету. Это знание противопоставлено естественно-научному знанию о луге в первой части стихотворения. «Чтение» тумана во второй части — духовная метафора, ассоциативно тяготеющая к десяти заповедям. Число «десять» определяет и количество строф в «Свете и тумане», что не противоречит общей концепции и даже напротив — гармонично согласуется с ней.

Промельк галки и вся картина в целом удивительным образом перекликается с норштейновским «Ёжиком в тумане» (1975). Путь Ёжика через туман к звёздам, которые он намеревается считать с Медвежонком, метафорически описывает процесс обретения «умных очей», прозревших в мире природы Божий мир. Как «робкий неуч» из «Света и тумана», Ёжик удивлённо разглядывает каждую травинку и букашку на своём пути, словно туман открывает ему их новые качества. И действительно, старое дерево предстаёт вдруг храмом, ветвями упирающимся в туманную бездонность, веточка со светлячком — свечой, а звуки леса сплетаются с органной музыкой. Точно так же и лирическая героиня движется сквозь туман, «различая» в нём признаки таинства, среди которых сакраментальный цвет голубизны является первейшим.

> Цвет в просторечье назван голубым,
> но остаётся анонимно-бо́льшим.
> На таковом — малина и рубин —
> мой нечванливый Ванька-мокрый ожил.

«Просторечье» — ироническая дефиниция «языка людей» — описывает цвет в первом приближении, ссылаясь на его внешние свойства. «Анонимно-большие» качества не могут быть раскрыты на просторечье, ибо они восходят к умопостигаемой сфере. Поясняя их, лирическая героиня прибегает к понятиям рубина и малины, которые в цветовом отношении не ассоциируются с голубизной. В понятийном же плане голубизна, сопряжённая с занебесьем, несёт в себе и рубин, и малину. Рубин является краеугольным камнем в Ветхом Завете: «Вот, Я положу камни твои на рубине» (Ис. 54:11). Он также «символизирует Иисуса Христа и своим цветом, цветом Крови Иисуса Христа, пролитой на Голгофском кресте, и своею испытанной крепостью, и своею драгоценностью, как и "драгоценная Кровь Христа, как непорочного агнца" (1Петр. 1:19). На этом крепком, драгоценном камне Бог утверждает основание Своей Церкви» [Петров]. Малина — это, по всей видимости, малиновый звон, дополняющий картину небес.

Все эти нюансы открываются героине в процессе созерцания, которое Палама ставил превыше всего. «Ведь глядящие созерцают, "чего не видел глаз и не слышало ухо и что не приходило на сердце человеку"! Они получают духовные глаза» [Палама 2004: 82]. Именно «духовными глазами» и наблюдает лирическая героиня *как бы рассвет*:

> Как бы — светает. Но рассвета рост
> не снизошёл со зрителем якшаться.
> Есть в мартовской понурости берёз
> особое уныние пред-счастья.

Погружение в туман инсценирует путь «отъятия всего сущего» и вступление в «таинственный мрак незнания», т. е. «Божественный мрак»[13], который есть «мрак пресветлый»: «Нужно подыматься все выше, миновать все священные вершины, покинуть все небесные звуки, и светы, и слова, — и войти в "таинственный мрак незнания", где истинно обитает Тот, Кто выше и вне всего, — таков был путь Божественного Моисея...» [Флоровский 1933].

Как всё неизымаемо из мглы!
Грядущего — нет воли опасаться.
Вполоборота, ласково: «Не лги!» —
и вновь собою занято пространство.

Родительный падеж существительного настоящего времени «грядущего» служит «завесой» грамматического рода, который может интерпретироваться двояко — и как средний (грядущее), и как мужской (грядущий). В зависимости от интерпретации меняется и смысл концовки. В первом случае это будущее, которого героиня перестаёт опасаться. Во втором это некто грядущий. Начальное положение существительного «грядущий» усиливает «туман» в отношении его точного написания: пишется ли оно с заглавной или со строчной буквы? Если предположить, что имеется в виду мужской род и заглавная буква, то получаем «Грядущий», т. е. Господь. Мысль об опасной близости к Нему становится последней точкой в думах героини о тумане, перекликающемся в имплицитном пространстве с густым Облаком.

В своей проповеди от 22 марта 1981 года Протоиерей Всеволод Шпиллер, в частности, сказал: «Среди слушающих меня сейчас есть люди, занимающиеся литературой, музыкой, искусством, и они лучше меня знают, конечно, как мно-

---

[13] Игумен Дионисий пишет: «В Ареопагитском корпусе предпочтение отдаётся апофатическому богословию, когда подвижник, выйдя за пределы всего чувственного, погружается в глубину Божественного мрака» [Дионисий].

го больших, самых больших умов человечества отмечало, что смысл жизни человека заключается в том, чтобы человек нашёл самого себя. <...> А что значит "найти самого себя"? Это значит как раз найти в себе, увидеть в себе причастность Божеству и свою жизнь построить так, чтобы эта причастность Божеству была осуществлена» [Шпиллер 1981].

Причастником Божества в «Свете и тумане» является не только лирическая героиня, погружающаяся в «Божественный мрак», но и пространство, занятое внутренним самосозерцанием на пути к свету («и вновь собою занято пространство»).

ТАЙНА ЗЕРКАЛЬНЫХ ДАТ

Промельк Пушкина

Принцип зеркальности в цикле Беллы Ахмадулиной «Глубокий обморок»

*...в этом году я создала огромный
и довольно загадочный цикл стихотворений...*
Б. Ахмадулина. Из интервью журналу ELLE

«Глубокий обморок» — развёрнутый полифонический цикл о судьбе и судьбах — отразил период пребывания Беллы Ахмадулиной в больнице в конце 1998 года, где она пролежала шесть дней в коме. Ахмадулина, тяготевшая к документальности и автобиографичности в творчестве, не отступила от этого принципа и в «Глубоком обмороке». И это относится не только к встречам и знакомству с людьми в госпитале и за его пределами, но и к самому событию клинической смерти, которое она тщательно исследует, пересматривая факты своей биографии, переоценивая ключевые моменты своей жизни и пытаясь найти ответ на два основных вопроса: (1) почему это произошло и (2) почему ей дана была вторая попытка.

В письме к Наталье Ивановой она отмечает: «Память невольно возвращалась к былому беспамятству, обдумывая и осязая возможные варианты его шестидневья. <...> Мысль о Пушкине сопутствует мне едва ли не постоянно, при этом я редко решаюсь тревожить Его имя и обхожусь бережными намёками, надеюсь — прозрачно понятными» [Ахмадулина 2001: 45]. К Пушкину обращены все вопросы лирической героини, и от него же получены все ответы. Пушкинская модель прилагается не только к писаниям, но и к биографии Ахмадулиной, которая сверяет по этой модели свою жизнь и творчество. Поиск ответов ведётся в пушкинском контексте. Лирическая героиня обращает взор к литературным небесам, смыкающимся с сакральными по формуле «в свод вечности взлетит скончание свечи». Пойдём и мы тем же путём, задавшись вопросом о том, какой из пушкинских сюжетов перекликается с сюжетом клинической смерти и воскресения лирической героини-поэта.

Сам цикл можно условно поделить на две части — «Пробуждение» и «Возвращение». Обе перекликаются с различными пушкинскими сюжетами, хотя и выстроены в зеркальной последовательности по отношению к ним.

Пробуждение

Итак, почему это произошло? Что за «экзамен» она сдавала («Недельной смерти я сдала экзамен»)? Эти вопросы, вынесенные в подтекст «Глубокого обморока», появляются в тексте «Шести дней небытия» — стихотворении не включённом, но «напрямую — и сюжетно, и стилистически» [Губайловский 2001] примыкающем к циклу:

> Но в чём был смысл? Чей зов меня окликнул?
> Где чувств былых усталость провела
> шесть дней благих бесчувственных каникул?
>
> («Шесть дней небытия»)

Строка «Чей зов меня окликнул?» явно перекликается с пушкинской «И бога глас ко мне воззвал». И в этой перекличке вскрывается основное различие между двумя лирическими героями. Пушкинский поэт точно знал, Чей глас воззвал к нему из небытия, и это сразу же обозначило цель его воскрешения и смысл кратковременной смерти. Его рассказ — ретроспективная оценка случившегося, данная уже пророком, которому открылся смысл и бывшего, и настоящего.

Лирическая героиня Ахмадулиной пробуждается с вопросом и с ним же возвращается домой:

Неопытною поступью нетвёрдой
дом нагоню, чей номер: двадцать шесть.
Лифт опознаю и этаж четвёртый.
Осталось вспомнить: для чего я здесь?

Это означает, что Тот, Кто стоял за её пробуждением, не наделил её пророческим даром. Почему? Ответ она должна найти сама — и она действует как искусный следователь, подвергая тщательному анализу всю свою прежнюю жизнь.

Сравним оба сюжета в общих чертах. «Пророк» начинается с того, что пушкинский лирический поэт «влачится» «в пустыне мрачной» и шестикрылый серафим погружает его в состояние аналогичное смерти, чтобы воскресить его в новом качестве. Клиническая смерть художественного двойника поэта также завершается воскрешением. Её «шестидневье» в окружении медперсонала — это и есть её шестикрылый серафим, воскресивший её к жизни и заставивший тут же взяться за перо. Предметом её писаний становятся воспоминания, которые должны прояснить, за что же её посетил нещадный серафим.

У Пушкина встреча обоснована тем, что поэт должен выполнить свою миссию, возродившись в новом качестве Пророка. По аналогии лирическая героиня должна расценить своё пробуждение как знак того, что она воскрешена с той же целью. В свою очередь, это означает, что она не выполняла своего высшего назначения и за это была умерщвлена, чтобы возродиться для выполнения своей миссии. Это прозрение приходит к ней по мере размышлений над своей жизнью, вкраплённой в панораму эпох.

Находясь в больнице, она анализирует всё, пытаясь найти ошибку, чтобы не повторить её вновь.

С этим всё более или менее ясно. Неясно, почему сюжет представлен в обратной последовательности по отношению к пушкинскому. Для наглядности выпишем последовательность превращений, происходящих с двумя лирическими героями, взяв за точку отсчёта пушкинского «Пророка». При этом будем двигаться от конца пушкинского стихотворения, дабы яснее увидеть зеркальные параллели с «Глубоким обмороком».

«Как труп в пустыне я лежал…»

«Пророк» заканчивается тем, что поэт, умерщвлённый серафимом, возвращается к жизни:

> Как труп в пустыне я лежал,
> И Бога глас ко мне воззвал…

«Глубокий обморок» начинается с того, что лирическая героиня-поэт приходит в себя после клинической смерти. В обоих случаях пробуждение происходит при участии запредельных сил.

> Как если бы добрейший доктор Боткин
> и обо мне заране сожалел,
> предавшись Солдатёнкова заботам,
> очнулся жизни новичок-жилец.
>
> («I. В Боткинской больнице»)

Упоминание Боткина и Солдатёнкова вводит тему истории в многоголосие, на котором запредельность общается с лирической героиней. Упоминание Христа-Младенца появится только в четырнадцатом стихотворении цикла («Невольные прегрешения в ночь на 25 декабря»), но Его незримое присутствие задаётся с самого начала намёками и аллюзиями на сакраментальную сферу. Так, фигура

Солдатёнкова несёт в себе отсвет ангела-хранителя, вернувшего лирическую героиню в земные «угодья». Козьма Терентьевич Солдатёнков, получивший при жизни прозвище Козьма Медичи за покровительство искусствам, был меценатом, основавшим издательство в Москве в 1856 году, где выходили произведения таких известных поэтов, писателей и критиков, как Фет, Тургенев, Некрасов, Белинский, Григорович и др. Замечательно то, что издавал он своих авторов бескорыстно. Эти факты обусловливают в цикле его посмертную функцию ангела-хранителя писателей и поясняют его непосредственное участие в возвращении к жизни лирической героини-поэта.

В отличие от пушкинского пророка, у которого нет никаких воспоминаний о запредельности (вся часть запредельного путешествия души упускается у Пушкина), лирическая героиня Ахмадулиной делится кое-какими вещами, противоречивость коих настораживает:

> Как, впрочем, знать? В тех нетях,
> где была я,
> на что семь суток извели врачи,
> нет никого. Там не было Булата.
> Повелевает тайна тайн: молчи!
>
> («I. В Боткинской больнице»)

Озвучивая пространство своим «повелением» молчать, «тайна тайн» либо вовсе отрицает заявление лирической героини о том, что «там нет никого», либо даёт понять, что пустота — это предбанник её вотчины, в которую не всякий вхож. В партитуре (Ахмадулина явно тяготела к большим музыкальным формам в поэзии[14]) пустота шестидневья изобразилась бы паузой. Но пауза относилась бы только к физическому космосу, куда можно

---

[14] См., например, её «Стихи к симфониям Гектора Берлиоза» или «Фантастическую симфонию».

«проникнуть» и где нет места мистике («Что он проник в запретной бездны пропасть — / пусть полагает храбрый космонавт»). Запредельность, напротив, постоянно озвучивается лирической героиней, намекающей на что-то, о чём поведать напрямую она не решается.

В результате всех этих недомолвок возникает ощущение нелогичности того, о чём она говорит. В самом деле, если её мозг был «в отлучке», то откуда же она знает, что «там нет никого»? Или откуда ей известно о роли Солдатёнкова? (Да и как он мог возникнуть в зоне, где «нет никого»?) Выходит, она кое-что всё же помнит. Но что? На этот вопрос она не может ответить внятно, поскольку её знание туманно, оно дано лишь в расплывчатых образах, которыми она не прочь поделиться. Тем не менее сделать этого она не может, поскольку, вопреки уверениям в беспамятстве, её память хранит запрет на разглашение «крайнего знанья», которое, по-видимому, имело место быть. Более того, она даже знает, от Кого этот запрет исходит:

> На грех делиться
> крайним знаньем
> запрет наложен, страшно молвить: Кем.

> («I. В Боткинской больнице»)

В третьем стихотворении угроза наказания за разглашение тайны повторяется:

> Какого знанья мой возлёт набрался,
> где мертвенность каникул проводил, —
> сокрыто.

> («III. Послесловие к I»)

Сокрыто от кого? По-видимому, от всех, включая и саму лирическую героиню. Поэтому она и возвращается «к былому беспамятству, обдумывая и осязая возможные варианты» своего «шестидневья». Возвращается, потому что на каком-то ином уровне сознания ощущает, что «знанье» было получено, но специфика его пока в дымке бывшего беспамятства и говорить об этом нельзя, ибо «Не прощают панибратства / обочины созвездий и светил» («III. Послесловие к I»).

После пробуждения она находится в состоянии квантовой неопределённости: с одной стороны, она наделена знанием, а с другой — оно «сокрыто» от неё. Только выбор между «знать» и «не знать» способен внести большую ясность в её жизнь. Она выбирает «знанье» и начинает разгадывать его.

«И он мне грудь рассёк мечом...»

У Пушкина перед умерщвлением поэта серафим рассекает ему грудь, вытаскивает сердце и вкладывает пылающий «угль». «В Боткинской больнице» метафорой «рассечённого» тела становится монитор, показывающий, что происходит внутри больного. Эти показания и есть компьютерный образ «рассечения». Он появляется сразу после строк о её возвращении к жизни:

> Пульт вен и пульсов всё смешал,
> всё спутал.
> В двух полушарий холм или проём
> пытался вникнуть
> грамотей-компьютер —
> двугорбие дурачилось при нём.

Но это лишь картинка физического состояния, показывающая работу сердца. Работу духа монитор не показывает. Пушкинский «Пророк» обретает духовное — «пламенное» — сердце, заместившее ему прежнее «трепетное». По версии Ахмадулиной, сердце её лирической героини не «трепетное», а нарциссичное. Весь процесс выздоровления направлен в цикле на осознание собственной нарциссичности и избавление от неё.

Образ Нарцисса появляется в XIII стихотворении, когда, вернувшись домой, лирическая героиня должна выполнить «домашнее задание»: «А тут ещё мне задали урок: / продолжить миф об участи Нарцисса». Затем, в XV стихотворении, появляется следующее:

— Не хочу я писать про Нарцисса и Пана,
краткость сил расточая на вздор небылиц.
Без меня — где была ты? — Да так, выступала.
— Это лишнее! — Знаю. Прости и не злись.

Как видим, нарциссизм и любовь к выступлениям ставятся на одну доску. За этим следует рассказ о Рашели, украсившей ненадолго общество, как новогодняя ёлка, и подытоживается это выводом о том, что «образ обобранной ели / близок славе любой». Следующие за этим стихи — «Пред-проводы ёлки» — построены на размышлении о судьбе царицы Рождества, которая забывает о сакраментальном предлоге «воцаренья»: «И ёлки Рождества мне грустно воцаренье: / всевечен, Кто рождён, недолог блеск цариц». Аналогия с поэтом, забывшим всуе об истоках своего дара, довольно прозрачна. Это узнаваемая пушкинская постановка вопроса.

Весь ход метафор и размышлений направлен на пояснение, почему пробуждение не наделило её пророческим даром. Духовный диагноз, который она ставит (нарциссизм), требует определить местонахождение Нарцисса. Где именно он гнездится — в душе, в сердце?

Ахмадулина помещает Нарцисса в «замкнутый тайник» — мозг как вместилище всего узкорационального, сосредоточенного только на себе и не могущего вознестись, только «занестись»:

Не так ли мозг вникает в образ мозга?
Ему внушаю: мученик Нарцисс,
превысить одиночество возможно:
забудь себя и сам себе не снись.

Зацикленность мозга на себе исключает возможность пророчества. Нарциссизм символизирует мир, в зеркале которого отражается не Творец, а творение.

> Признается последняя обмолвка:
> как ни таись, герой сюжета — мозг.
> Коль занят он лишь созерцаньем мозга,
> он должен быть иль гений, или монстр.

Ироническое определение «герой сюжета» ассоциируется с определением «герой нашего времени». В контексте цикла это отсылка к Лермонтову, но в трактовке Битова, которому посвящено второе стихотворение «Отступление о Битове». Именно по этой отсылке достраивается внутренняя связь с темой пророка, столь важной для «Глубокого обморока».

Идеи «Пушкинского дома» Битова проходят через весь цикл, своеобразно преломляясь в концепции Ахмадулиной. Центральная часть романа Битова — «некая большая статья "Три пророка", о трех стихотворениях — Пушкина, Лермонтова и Тютчева» [Битов 1999: 105]. Автор статьи — главный герой романа Лёва Одоевцев. В своё время эта часть была опубликована как самостоятельное исследование Битова в «Вопросах литературы» [Битов 1976]. Слово «сюжет» в Лёвином исследовании впервые появляется в связи с «духовным сюжетом» «Пророков» Пушкина и Лермонтова. Существенная разница между двумя авторами состояла, с его точки зрения, в том, что пушкинское «Я» отразило здесь «неважность личного, житейского» перед «духовным и божественным». Лермонтов же, напротив, выступил как «Я-личность», поэтому его поэзия — «"додуховная", юношеская, чуть ли не подростковая» [Битов 1999: 228].

Мозг-Нарцисс, занятый исключительно собой, в чём-то сближен с битовской додуховной «Я-личностью», но интерпретация додуховности у Ахмадулиной иная. Наделяя мозг приземлённым, программным, немистичным мышлением, достигающим определённых высот, но никогда не выходящим за пределы физического мира, она закрепляет додуховность не за состоянием души или духа, а за «замкнутым тайником» — мозгом. Так конфликт духовного и додуховного переносится в область извечного внутреннего конфликта между мозгом и сердцем.

Сопоставляя двух «Пророков», Лёва Одоевцев находит третье стихотворение, которое, по его мнению, превращает дуэт пророков в трио с дуэлью. Имеется в виду литературная дуэль Тютчева с Пушкиным, о которой Пушкин мог и не подозревать.

Стихотворение Тютчева «Безумие» было направлено, с точки зрения Лёвы, против пушкинского пророка и осмеивало пророческое безумие, противопоставляя ему рассудок. Мотив, кроющийся за этим, Лёва усматривает в тайной зависти Тютчева, не получившего лавров первенства. Стихотворение было написано при жизни Пушкина, а переопубликовано с некоторыми изменениями и посвящением Фету спустя двадцать пять лет после гибели Пушкина. Итак, по Одоевцеву, «Сюжет — обида. Причём сложная, многогранная, многоповоротная» [Битов 1999: 232].

У Ахмадулиной «сюжет» иного плана. В нём не присутствуют амбиции первенства, поскольку мозг-Нарцисс самодостаточен. Ему равно безразличны поклонники и хулители, и в «пустыне» самого себя он высматривает не серафима, а мираж:

> Следит за миражом его пустыня.
> В грозу он Зевсу молится тайком.
> И Библия его грехи простила
> лишь потому, что смысл её таков.
>
> («Умственные затруднения»)

Какие параллели с творчеством здесь вырисовываются? Нарциссизм в искусстве проявляет себя в повышенном внимании творца к приёму как самоцели. Искусство, сосредоточенное исключительно на приёме, вырождается в декоративную пустышку, лишённую пророческого огня. «Компетентные» советы, доносящиеся в семнадцатом стихотворении цикла до слуха лирической героини во время её работы над новым произведением, исходят не от «тайны тайн», а от критика, в чьём мышлении превалирует мозг-Нарцисс.

<...> Но зачем Вам рифмы,
унылые зияния меж строф?
Другие разве Вам не говорили:
их современник прихотлив и строг.

Вам надобен насущный, настоящий
слов разнородных дерзновенный стык.
Пример: по наущенью инсталляций
освободите, растолкайте стих.

Ваш — словно спит
в качалке устаревшей.
Поверьте мне: Вам скоро надоест,
что, обогнув ухабы ударений,
во дни былые Вас влачит дормез.

(«XVII. Послание»)

В чём-то он перекликается с критиком из «Описания обеда» (1967). Для лирической героини его рекомендации недопустимы, поскольку работа над стилем для неё равнозначна *духовному* поиску, а не рациональной игре с «инсталляциями» и рифмами. Стиль в большом искусстве — это отражение *настроя духа*; содержательность — это зеркало *состояния души*. Задача лирической героини-поэта сделать этот союз по-пушкински «прекрасным». Мозг-Нарцисс в лице критика этому не внемлет, поскольку для него определяющим является не Слово, а словесность, т. е. игра в себя.

«Рассечение груди» связано с эволюцией лирической героини от «Я-личности» до личности пушкинского типа. Эта перемена происходит постепенно. Находясь в палате, обдумывая судьбу своего народа, она открывает себя истинному состраданию, что аналогично рассечению груди духовным мечом. Под истинным имеется в виду сострадание сердцем, а не рассудком: рассудочность выстраивает логику, но не затрагивает сердца. Именно рассудочность и превалирует поначалу в восприятии лирической героини, чьи эмоции подавляются лекарствами.

> Я, сострадая бедствиям народным,
> в сторонней благодати возлежу.
>
> («Х. Больничные шутки и развлечения»)

В состояние «сторонней благодати» её вводит капельница, с которой она распрощалась в сдвоенной восьмой-девятой части цикла («Прощание с капельницей. Помышление о Кимрах»). Тем не менее воздействие капельницы ещё длится, поскольку организм «запасся» на какое-то время «чем-то чуждым» («Чу! Чем-то чуждым организм запасся»). Эти «запасы» не так скоро выводятся из организма. В причудливом пространстве палаты капельница предстаёт источником дивных метаморфоз, витающих в обрывках снов и галлюцинаций. Эта дудка наркотического Пана чарует мозг-Нарцисс, заставляя его сомкнуть веки и грезить о себе самом.

Капельница расслабляет, притупляет остроту восприятия, культивируя отстранённость от всего.

> Пока источник капель серебрится,
> как просто: всех и поровну любить,
> в чём много выгод и немало риска…
>
> («VIII—IX. Прощание с капельницей.
> Помышление о Кимрах»)

Всё это рассуждения, пародирующие меркантильность мозга, просчитывающего соотношение выгод и риска, находясь в полузабытьи, и непонимающего, сколь далёк он от действительности.

«И он к устам моим приник...»

Перед тем как рассечь грудь поэту, серафим касается его уст, заменяя грешное празднословие мудростью: «И он к устам моим приник, / И вырвал грешный мой язык...»

Третье с конца преображение у Пушкина становится третьим с начала преображением у Ахмадулиной: за картиной «рассечённого» компьютером тела следует описание «занятья уст». Им поначалу свойственны как обыденные «занятия» (принятие пищи, зевота), так и обывательское желание поделиться запредельной мудростью.

> Занятье уст — то пища, то зевота.
> Но им неймётся, им препона есть
> обмолвиться, как высший миг зовётся:
> стерпеть придётся, но нельзя воспеть.

> («I. В Боткинской больнице»)

Продолжение темы пророческого дара находим в четвёртом стихотворении, где лирическая героиня ретроспективно исследует своё празднословие, приведшее к трагедии. Речь идёт об убийстве Галины Старовойтовой. Её памяти и посвящены стихи «Посвящение вослед».

Со Старовойтовой у Ахмадулиной были дружеские, доверительные отношения. В интервью «Известиям» она рассказывала следующее о последней встрече с Галиной Васильевной: «Я обожала Галину Васильевну Старовойтову. Испытывала к ней огромную нежность. Чудный человек. Такая женщина-рыцарь. И у меня определённо было тяжёлое предчувствие. Последний раз мы виделись на государственном приёме в Георгиевском зале Кремля. Потом в "Посвящении вослед" я написала: "А надо бы вскричать: — Святой Георгий / (он там витал), оборони её..."

В самом деле, следовало сказать: "Бросьте политику. Всё это пустое". Не сказала. И вот как оно кончилось" [Ахмадулина]. В другом интервью она добавляет: «…отошли в уголок и стали шушукаться. Галина Васильевна была в приподнятом настроении и по секрету призналась, что вышла замуж. Я так была за неё рада» [Там же].

Всё это в точности описано в «Посвящении вослед».

> она мне так по-девичьи сказала:
> — Я вышла замуж… —
>   — Поздравляю Вас! —
>
> Никчёмной обойдясь скороговоркой,
> пригубила заздравное питьё.
> А надо бы вскричать: — Святой Георгий
> (он там витал), оборони её!
>
>   («IV. Посвящение вослед»)

«Никчёмная скороговорка» символизирует «грешный», «празднословный» «язык» допророческого поэта. Мотив пророчества впервые появляется именно в этой части, где гибель подруги прямо связывается с недостатком пророческого дара.

> И слабый дар —
>   сородственник провидцев,
> мой — изнемог и вовсе стал незряч.
> Над пропастью заманчивой повиснув,
> как он посмел узнать, а не предзнать?

Дар, которым владела лирическая героиня Ахмадулиной до клинической смерти, был «слабым даром», выступающим в качестве «сородственника провидца», но не провидца. Ему дано было «узнать», но не «предзнать». Причину слабости пророческого дара лирическая героиня видит в конфликте между «организмом» и «нюхом чутья», который тоньше организма.

Нет, был в нём, был опаски
            быстрый промельк —
догадок подсознания поверх.
Мой организм — родня собакам —
            понял,
почуял знак, но нюх чутья отверг.

Отверг — и мысль не утемнила вечер,
когда висками стиснутый мотив
наружу рвался, понуканьем вещим
мой лоб не запрокинув для молитв.

Вдруг — сосланный в опалу телевизор
в стекле возжёг потусторонний свет.
В нём — Петербург, подъезд,
            бесшумный выстрел.
Безмолвна смерть и громогласна весть.

            («IV. Посвящение вослед»)

Слабый пророческий дар сказывается и на стиле поэта, немогущего «писать попроще», т. е. достичь пушкинской простоты, проистекающей из *ясно-видения*.

Вот так всё было: как в поля и рощи
в больничный двор я отсылала взор,
писать желая простодушно-проще,
но затрудненье заключалось в том,

что разум истерзало измышленье
о нём же — он иначе не умел.

            («IV. Посвящение вослед»)

«Посвящение вослед» заканчивается загадочными строками о смерти и судьбе.

Июньский день любовью глаз окину
из пустоты моих декабрьских дней.
Услышит ли, когда её окликну?

> До сей поры я льну и лащусь к ней.
> Смерть — торжеству собратна,
>   соволшебна.
>
> Избранника судьба не истекла.
> Сюжет исполнен стройно, совершенно,
> и завершён — как гения строка.

Последняя строфа относится уже не к Старовойтовой, а к лирической героине, которая обращается к памяти прошлого «из пустоты декабрьских дней». Заявление «Смерть — торжеству собратна, соволшебна» намекает на смерть пушкинского поэта, обернувшуюся для него торжеством духа. Клиническая смерть лирической героини Ахмадулиной обернулась лишь её физическим торжеством — её воскрешение не было столь триумфальным, она не прозрела до уровня провидца.

Размышляя над историей Старовойтовой и своей грустной ролью в ней, она приходит наконец к пониманию «сюжета» своего глубокого обморока. Поскольку причина слабости пророческого дара коренилась в сдерживающей роли организма («Мой организм — родня собакам — понял, / почуял знак, но нюх чутья отверг»), организм был «устранён» на время, дабы раскрепостить дух.

В этой части появляются и более явные отголоски пушкинской пустыни.

> Зрачков и мглы пустыня двуедина,
> их засухе обычай слёз претит.
>
>   («IV. Посвящение вослед»)

«Мглы пустыня» — это, по сути, отражение пушкинской «пустыни мрачной», а «зрачков пустыня» — это та же мрачная пустыня, только вобранная вовнутрь. Вместилищем «мрачной пустыни» является лоб: «Темнеет лоб, пустынен и угрюм» («I. В Боткинской больнице»). Пустыня лирической героини сосредоточена внутри, она не сообщается с внешним миром — и трагедия уходит корнями в замкнутость, в «аид убежища», порождающий отсутствие коммуникации и невозможность услышать глас небес.

«Моих ушей коснулся он...»

Перед преображением речевой функции поэта серафим воздействует на его слух. «Моих ушей коснулся он, — / И их наполнил шум и звон». Аналогично, после темы праздных «уст» Ахмадулина переходит к описанию слуховых ощущений своей лирической героини. То, что она слышит, пробудившись, относится к сакраментальной сфере.

Впечатление, что невидимая рука касается её ушей, открывая её внутренний слух, — и до неё доносится голос, который слышит только она. Голос то повелевает («Повелевает тайна тайн: молчи!»), то даёт совет писать «попроще» («Но слышится: а ты пиши попроще»), то наставляет («...И дух смиренья в сердце оживи...»). Вслед за этим появляется «Отступление о Битове», построенное по типу музыкального произведения, что усиливает ракурс, связанный со слуховым восприятием. Приведу эти стихи полностью, поскольку ниже я буду толковать значение упомянутых в них имён и образов.

II. Отступление о Битове

Когда о Битове...
　　　　(в строку вступает флейта)
я помышляю... (контрабас) — когда...
Здесь пауза: оставлена для Фета
отверстого рояля нагота...

Когда мне Битов, стало быть, всё время...
(возбредил Бриттен, чей возбранен ритм
строке, взят до-диез неверно,
но прав) — когда мне Битов говорит

о Пушкине... (не надобно органа,
он Битову обмолвиться не даст
тем словом, чья опека и охрана
надёжней, чем Жуковский и Данзас) —

Сам Пушкин... (полюбовная беседа
двух скрипок) весел, в узкий круг вошед.
Над первой скрипкой реет
                    прядь Башмета,
удел второй пусть предрешит Башмет.

Когда со мной... (двоится ран избыток:
вонзилась в слух и в пол виолончель) —
когда со мной застолье делит Битов,
весь Пушкин — наш, и более ничей.

Нет, Битов, нет, достанет всем ревнивцам
щедрот, добытых алчностью ума.
Стенает альт. Неможется ресницам.
Лик бледен, как (вновь пауза) луна.

Младой и дерзкий опущу эпитет.
Сверг вьюгу звуков
                    гений «динь-динь-динь».
Согласье слёз и вымысла опишет
(всё стихло) Битов. Только он один.

Несложно заметить, что стихотворение написано в форме партитуры с партиями для инструментов-людей. Начало звучит отголоском «Пушкинского дома», того эпизода, когда Лёва обыгрывает диалог между Пушкиным и Лермонтовым в музыкальных терминах: «начинает как бы Пушкин (тот же Лермонтов, но — басом, поскальзываясь в фальцет)...» У Ахмадулиной «фальцет» превращается во флейту, а «бас» — в контрабас. Далее следует рояль, ассоциирующийся с Фетом.

Упоминание Фета, с одной стороны, воскрешает в памяти историю тютчевского стихотворения, адресованного, по Лёвиной концепции, Пушкину, но позднее посвящённого

Фету. С другой стороны, это намёк на стихотворение Фета «Сияла ночь. Луной был полон сад...» (1877), где рояль с дрожащими струнами передаёт трепет сердец. С третьей — это ассоциация с Цветаевой, писавшей об этом рояле Фета: «тот, о котором Фет, во внятной только поэту и музыканту, потрясающей своей зрительностью строке: "Рояль был весь раскрыт, и струны в нём дрожали..."» [Цветаева 1979: 215].

Эта разрастающаяся симфония голосов развивается в постепенно усложняющуюся цепь литературных ассоциаций, и каждый волен интерпретировать их в меру своего знания, понимания и воображения. Важно то, что они не обрывочны, не изолированы, но и не прямо связаны друг с другом. Каждая из них предрасполагает к появлению последующей, вывязывая затейливый узор целого. Упоминание Бриттена, например, дано вместе с сопоставлением его ритмики с традиционной строкой в стихосложении. Замечание о том, что ритм музыки Бриттена «возбранен» строке, подготавливает появление цветаевского «неправильного» «до-диеза», продлевая ассоциативный ряд к «возбранной» изломанности её собственной строки.

Значение «до-диеза» как цветаевского отыскивается в других стихах Ахмадулиной, посвящённых Цветаевой:

> Но твоего сиротства перевес
> решает дело. Что рояль? Он узник
> безгласности, покуда в до-диез
> мизинец свой не окунёт союзник.
>
> («Уроки музыки», 1963)

Эхо цветаевского рояля («Но рояль не один. В каждом играющем детстве: раз, два, три — четыре рояля» [Цветаева 1979: 213]) достигает шестой части цикла:

> Уже роялей всех развеялась дремота.
> Весь побережный дом — прилежный музыкант.
>
> («VI. Мгновенье бытия»)

«Состязание» заканчивается победой пушкинского колокольчика.

> Сверг вьюгу звуков
>> гений «динь-динь-динь».
>>
>>> («II. Отступление о Битове»)

В рамках заданных Ахмадулиной образов на ум приходит состязание между Аполлоном и Паном, где «Мидасом», отдавшим предпочтение колокольчику, выступает Битов. Ахмадулина видоизменяет известную мифологическую парадигму, «вручая» наследнику Пана колокольчик вместо свирели. Именно в колокольчике и объединены два существенных признака эпох, вобранных Пушкиным: простота и сердечность, идущая от свирели Пана, и колокольность, озвучивающая православие. Отказ от орга́на подчёркивает «неродимость» этого пафосного, помпезного инструмента, покоряющего себе звучащее пространство и подавляющего самовыражение «души-колокольчика».

Колокольчик как колокол в миниатюре под рукой гения обретает звучание более богатое, чем звучание оркестра. Образ колокола и колокольчика был сакраментальным для Ахмадулиной. Неслучайно она навсегда и нераздельно «съединила» его с образом души в стихотворении, написанном в 1970 году:

> Дочь и внучка московских дворов,
> объявляю: мой срок не окончен.
> Посреди сорока сороков
> не иссякла душа-колокольчик.
>
>> («Собрались, завели разговор...»)

«Вещие зеницы»

В «Пророке» встреча с серафимом начинается с того, что он открывает лирическому герою глаза на духовное измерение:

> Перстами лёгкими как сон
> Моих зениц коснулся он.
> Отверзлись вещие зеницы,
> Как у испуганной орлицы.

Аналогом духовного измерения в цикле может служить следующий за звуковым описанием образ белизны, окружающий героиню в момент пробуждения.

> Бел белый свет. Бела моя палата.
>
> («I. В Боткинской больнице»)

Этот образ является пограничным между зрительным и звуковым, поскольку он построен на звуковых ассоциациях. «Бел белый» звучит как «Беллы», и «бела́» звучит почти как «Белла». (Как известно, Ахмадулина любила, чтобы её имя произносилось через «е», а не через «э».) «Белый голос в полночное время...» — писал Вознесенский в стихах, посвящённых Белле Ахмадулиной, обыгрывая её имя в неполном омониме. Выстраивая омонимические ряды, Ахмадулина вписывает себя в пространство палаты, объединившей признаки земного и небесного.

В третьем стихотворении цикла лирической героине, движущейся в зеркальном направлении от «Пророка», открывается зримый мир в новом объёме. Словно и впрямь у неё «отверзлись вещие зеницы», она наслаждается краткими минутами «интегрального» пушкинского мира.

> В больничной койке,
>   как в кроватке детской,
> проснуться поздно, поглядеть в окно,
> «Мороз и солнце, — молвить, —
>   день чудесный»,
> и засмеяться: съединил их кто…
>
> («III. Послесловие к I»)

«Съединение» длится недолго. Вскоре начинается распад «солнцеморозного образа», проникающий в природу и человека. «Вещие зеницы» зрят в корень распада.

> не ведает девчонка-санитарка,
> сама свежа, как солнце и мороз,
> которые так щедро, так недавно
> ей суждены надолго, но поврозь.
>
> («III. Послесловие к I»)

Распад проходит на всех уровнях — от человека до природы, где «скончанье дня» повторяет скончанье пушкинской эпохи.

> В отлучке бывший — здесь он или там он,
> зачем он мне? Скончанье дня отбыв,
> мороз — стал холод,
>   солнце смерклось в траур.
> Сердцебиенья и строки обрыв.
>
> («III. Послесловие к I»)

Пушкинская эпоха показана в цикле как сложная интеграция духовного и додуховного. Додуховное связано с фигурой Пана, от которого Пушкин унаследовал свою свирель. Описание темперамента Пана, его гибели и необычного облика во многом перекликается с образом Пушкина, как он подан в поэзии Ахмадулиной разных лет. Модель Ахмадулиной, в свою очередь, продиктована самим Пушкиным, представлявшим себя поначалу учеником Пана. В своём раннем стихотворении «Батюшкову» (1815) Пушкин выводит образ Пана как своего покровителя:

> Весёлый сын Эрмия
> Ребёнка полюбил,
> В дни резвости златые
> Мне дудку подарил.

> Знакомясь с нею рано,
> Дудил я непрестанно;
> Нескладно хоть играл,
> Но Музам не скучал.

В ещё более раннем стихотворении «Блаженство» (1814) Пан даёт наставление молодому поэту:

> «Слушай, юноша любезный,
> Вот тебе совет полезный:
> Миг блаженства век лови;
> Помни дружбы наставленья:
> Без вина здесь нет веселья,
> Нет и счастья без любви...»
>
> [Пушкин 1977: 56]

Итак, Пушкин сам представляет себя как преемник свирели Пана. Ахмадулина всячески подчёркивает эту преемственность в облике Пушкина.

> Достанет и для греков, и для римлян
> услады дивной: любоваться им.
> Он вырастет весёлым, пышногривым,
> его возлюбят хороводы нимф.
> Возглавившему свиту Диониса
> дано — дразнить, швырять дары щедрот.
> Дразнить — смешно,
>   опасно — додразниться:
> ни там, ни здесь не спит Амур-Эрот.
>
> («XIV. Невольные прегрешения
>   в ночь на 25 декабря»)

Сравним это описание Пана с описанием Пушкина из «Маленькой поэмы о Пушкине»:

> Каков?— Таков: как в Африке, курчав
> и рус, как здесь, где вы и я, где север.
> Когда влюблён — опасен, зол в речах.
> Когда весна — хмур, нездоров, рассеян.

> Ужасен, если оскорблён. Ревнив.
> Рождён в Москве. Истоки крови — родом
> из чуждых пекл, где закипает Нил.
> Пульс — бешеный. Куда там нильским водам!
>
> Гневить не следует: настигнет и убьёт.
> Когда разгневан — страшно смугл и бледен.

«Курчав» один и «пышногрив» другой; оба всегда в окружении поклонниц; обоих отличает вспыльчивость. Наконец, оба страдают, полюбив, и возлюбленная становится свирелью их вдохновения. Мотив псевдокончины Пана (по некоторым мифам, весть о кончине считается ошибочным известием) обыгрывается у Ахмадулиной сходным мотивом псевдокончины Пушкина, прозвучавшим ещё в «Приключении в антикварном магазине» (1964):

> Но я утешен мнением молвы,
> что всё-таки убит он на дуэли.
> — Он не убит, а вы мне надоели, —
> сказала я, — хоть не виновны вы.

Однако бессмертие Пушкина это уже иное — христианское — качество бессмертия. И это существенно в понимании интерпретации Пушкина у Ахмадулиной. Пушкин не мыслится ею как «языческий» поэт. «Преемственность» дудки происходит в эпоху христианства, где лейтмотивом становится страдание на пути к очищению и свету. Поэтому Пушкин воплощает в своём «солнцеморозе» интеграцию двух эпох и двух типов света — физического и духовного. Намёк на эту интеграцию даётся сразу в начальном стихотворении цикла, заканчивающегося непрямой цитатой на пушкинское поэтическое переложение молитвы Сирина («...И дух смиренья в сердце оживи...»).

В цикле Пушкин предстаёт поэтом, чей гений сумел найти интеграл, позволяющий вычленить свет как общее стремление двух эпох, перенеся внешнее вовнутрь и внутреннее вовне. Он высвободил духовное из келейности, сделав «солнцеморозность» зримой, но оставив за ней сияющую весть высот. «Привольность» пушкинского стиля была потеряна с гибелью Пушкина, когда начинается распад солнцеморозности как внешнего атрибута таинства. На смену приходят эпигоны, имитирующие дух пушкинской солнцеморозности в произведениях, воспевающих псевдогуманную идеологию. Вдохновитель их уже не Пан, а его перевёртыш пост-тридцать седьмого года, о котором Ахмадулина пишет в «Ночи под Рождество» — стихах, не вошедших в цикл, но опубликованных в «Знамени» вместе с «Глубоким обмороком»:

<...>
уж время — заточают в комсомол,
чей предводитель, смолоду потухший,
как Пан, был пьяноват и козлоног.

Этот псевдо-Пан и вложит в уста молодого поколения лжесвирели, которые заглушат горние откровения горнами. Горнисты возьмут на себя роль пророков, но их псевдопророчества будут направлены на прославление строя. Им не будет грозить «загнанность в угол, ожог рассудка и рана в низ живота» [Ахмадулина 1977: 461]. Об этом Ахмадулина пишет ещё в шестидесятые.

«Шестикрылый серафим»

Встреча с серафимом в «Пророке» следует за странствиями пушкинского лирического героя по пустыне: «И шестикрылый серафим / На перепутье мне явился». У Ахмадулиной серафим «присутствует» не только как умозрительная ипостась «шестидневья», но и как собирательный образ медперсонала, представленного в виде многокрылого светоносного существа.

Ещё меня ласкала белостенность,
сновал на белых крыльях персонал.

(«III. Послесловие к I»)

. . . .
Сестёр усталых светятся посты.

(«VIII—IX. Прощание с капельницей.
Помышление о Кимрах»)

Вторая часть сдвоенного стихотворения — «Помышление о Кимрах» — продолжает тему высвобождения сердца из искусственного благодушия. Здесь *идеализм* восприятия сменяется возвращением *идеалов* и критической оценкой реальности, в которой уже слышится голос сердца, а не только рассудка.

Безгрешный град был обречён грехам
нашествия, что разорит святыни.
Урод и хам взорвёт Покровский храм,
и люто сгинет праведник в пустыне.

(«Помышление о Кимрах»)

В книге «Кимры в тексте» Владимир Коркунов останавливается на истории взрыва Покровского собора в связи с этими строчками из «Помышления...».

Покровский собор, внешне похожий на Успенский собор Московского Кремля, был построен в 1825 г.; взорван в 1936 г. Кампания, посвящённая его закрытию, началась в 1925 г., когда на 100-летие собора прибыл Тверской владыка Серафим. Пресса отреагировала на это своеобразно — появился ряд материалов, призывающих прекратить колокольный звон, закрыть собор и устроить на его месте культурное учреждение. В 1929 г. горсовет отправил в Москву соответствующее ходатайство, мотивировав его тем, что собор не представляет собой архитектурной ценности.

Ходатайство было удовлетворено, и в 1930 г. постановлением Московского областного исполкома (Кимры в тот период входили в состав Московской области) храм был закрыт. С куполов сняли золотое покрытие, он был частично обезглавлен, и в таком виде простоял вплоть до взрыва в 1936 г. После разбора завалов на месте бывшего храма был возведён клуб промкооперации, впоследствии — драмтеатр [Коркунов 2015: 121].

Сдвоенное стихотворение формирует композиционный центр цикла (объединённые стихотворения выстраивают точную середину). Это соответствует и смысловой роли сдвоенной части как пограничной зоны, где осуществляется переход додуховного (нарциссического) сознания к духовному. Прощаясь с капельницей в этой части, героиня внимательно исследует своё больничное окружение и задаётся вопросом, кажущимся ей загадочным.

> ...Но вот что странно: умыслом каким
> все сёстры, все сиделки, санитарки,
> как сговорившись, прибыли из Кимр.
> Приятно, но загадочно, не так ли?
>
> («Прощание с капельницей...»)

Погружаясь в раздумья о Кимрах, она пытается разгадать загадку своего воскресения, обращаясь к истории города, которая теперь неотделима от её собственной судьбы. История Кимр — это история страны в миниатюре, с её взорванными храмами и попранной религией. Намёк на режим сквозит в строках:

> Больничная свобода велика:
> как захочу — смеюсь или печалюсь.
>
> («Прощание с капельницей...»)

Отсутствие соглядатая в больничном пространстве достраивает его присутствие в забольничном, а ироническое наблюдение над больничной свободой звучит почти цитатой из размышлений Шухова: «Чем в каторжном лагере хорошо — свободы здесь от пуза. В усть-ижменском скажешь шепотком, что на воле спичек нет, тебя садят, новую десятку клепают. А здесь кричи с верхних нар что хошь — стукачи того не доносят, оперы рукой махнули» [Солженицын 2004: 76]. Как известно, первыми словами Ахмадулиной после пробуждения в больнице были: «Ну вот, попала-таки в подвалы НКВД» [Ахмадулина 2007].

Образ Соловков появляется в десятой части цикла:

(Степанов-дед учён был Соловками,
но в Кимрах принял крайний час услад.)

(«X. Больничные шутки и развлечения»)

Кимры — пространство, исцеляющее душу тех, кто страдал от советского режима. В. Коркунов повествует о многочисленных храмах, выстроенных в Кимрах и разрушенных в годы советской власти. В частности, о судьбе Спасо-Преображенского храма, воздвигнутого в 1911 году, он пишет, что после его закрытия в годы советской власти «над священниками начался уголовный процесс. По его итогам церковное имущество описали, протоиерея Ф. Колерова, мирян А. Бойкова и М. Болдакова — расстреляли» [Коркунов 2015: 120]

Кимрам в стихотворении даётся статус духовного центра России:

И вся Россия шла, плыла сюда,
и двигался из дальних стран паломник.

(«Прощание с капельницей…»)

Факт пребывания в окружении персонала из Кимр исключительно важен для той, что воскресла после клинической смерти. В этом она видит Промысел Божий, благую весть, тайно вписанную в реальность. Сдвоенная часть помогает закодировать весть и в количестве строф, число которых равняется тридцати трём — намёк на присутствие

Христа. «Ссылку на соучастие Бога я не однажды слышала в пределах больницы и по другим поводам, впрямую меня не касавшимся», — пишет Ахмадулина в том же письме к Н. Ивановой [Ахмадулина 2001: 44]. Отсвет этой тайной духовности — и в «мимолётных» описаниях типа «Сестёр усталых светятся посты». А «воссиявшие» «столицей сердца» Кимры излучают свет той же сакраментальной природы, что и пушкинский «угль, пылающий огнём».

Кимры, метаморфозы
и числовая символика воскресения

Кимры знаменуют собой фазовый переход в возрождении лирической героини, которая больше не может прятать в «аиде убежища» свою скорбь, рвущуюся наружу стихами:

> Я позабыть хотела, что больна,
> но скорбь о Кимрах трудно
> в сердце прятать.

(«Помышление о Кимрах»)

Иногда, правда, Кимры испытывают метаморфозы и предстают перед мысленным взором лирической героини то Крымом, то Кипром. Рифмуя Кипр с Кимрами, Ахмадулина словно даёт понять, что между ними есть эхо родства (в родительном падеже разница между двумя словами всего лишь в одной букве: Кипр-Кимр). Казалось бы, это всего лишь ничего не значащая игра слов. Но это только если пренебречь особенностями художественной системы Ахмадулиной, тяготеющей к строгости смыслов и стройной архитектонике, в основе которой зачастую лежат библейские аллюзии.

В пространстве таинства Кипр связан с Лазарем Четырёхдневным. После воскресения Лазарь удалился на остров Кипр, где впоследствии был поставлен «от апостолов епископом. Богоматерь даровала ему омофор, сделанный её руками. Жил Лазарь по воскресении 30 лет и хранил строгое воздержание. Вторично преставился он на Кипре. В IX веке византийский император Лев Философ перенёс мощи праведного Лазаря с Кипра в Константинополь» [Дебольский 2014: 170]. На гробнице Лазаря был возведён храм, который является местом паломничества. Вынесенное в подзаголовок цикла о воскресении число 17 («Глубокий обморок: семнадцать стихотворений») в сочетании с реальным числом частей (16) продлевает ассоциативную цепь, связанную с Лазарем: 16 октября — это день второй смерти Лазаря, который связан с памятью обретения его мощей[15]. Это событие празднуется 17 октября.

Другая ассоциация с числом 16 уводит к молитве Сирина в переложении Пушкина, намёк на которую даётся несколько раз в цикле. На непрямой цитате завершается первое стихотворение цикла («…И дух смиренья в сердце оживи…»). Затем упоминание о молитве даётся в «Послесловии к I» (третье стихотворение): «Словам, какими преподобный Сирин / молился Богу, внял ещё один» (под «ещё один» разумеется Пушкин). И впоследствии различные положения молитвы обыгрываются в сюжете цикла в качестве покаяния лирической героини, о чём я буду писать ниже. Если Лазарь для многих символизирует, прежде всего, воскрешение плоти, то молитва символизирует воскрешение духовное. Их взаимное дополнение создаёт полноту воскресения.

«Чтоб сердцем возлетать во области заочны…»

Приведём молитву полностью, чтобы лучше увидеть, по каким аспектам шло покаяние лирической героини Ахмадулиной.

> Отцы пустынники и жёны непорочны,
> Чтоб сердцем возлетать во области заочны,

---

[15] См., например, её «Стихи к симфониям Гектора Берлиоза» или «Фантастическую симфонию».

> Чтоб укреплять его средь дольних бурь и битв,
> Сложили множество божественных молитв;
> Но ни одна из них меня не умиляет,
> Как та, которую священник повторяет
> Во дни печальные Великого поста;
> Всё чаще мне она приходит на уста
> И падшего крепит неведомою силой:
> Владыко дней моих! дух праздности унылой,
> Любоначалия, змеи сокрытой сей,
> И празднословия не дай душе моей.
> Но дай мне зреть мои, о Боже, прегрешенья,
> Да брат мой от меня не примет осужденья,
> И дух смирения, терпения, любви
> И целомудрия мне в сердце оживи.

Молитва, «услышанная» лирической героиней при пробуждении в Боткинской больнице, становится её ориентиром: покаяние свершается в соответствии с этой молитвой, которая читается «Во дни печальные Великого поста». Длительность глубокого обморока Ахмадулина определяет словом «седмица»: «Признавая несовершенство стихотворений о моей Боткинской седмице, я не умею от них отказаться» [Ахмадулина 2001: 45]. Церковный термин говорит о направленности мыслей той, что вернулась к жизни. Поэтому не будет преувеличением предположить, что «боткинская седмица» стала для лирической героини Ахмадулиной её «Великим постом». Главная цель молитвы Сирина — перенесение акцента на сердце как источник благодеяний, ибо только сердцем возможно «возлетать во области заочны». С сердца начинается молитва Сирина, и на сердце она завершается («мне в сердце оживи»). Духовное возвращение знаменует собой движение к сердцу с переоценкой прошлого и покаянием.

Фабула духовного возвращения в цикле выстраивается по типу притчи о блудном сыне. В притче отец, радуясь возвращению сына, поясняет свою радость так: «этот сын мой был мёртв и ожил» (Лк. 15:24). Метафорическая смерть сына соответствует физической смерти лирической героини. Аналогом его возвращения является её воскресение.

История блудного сына хорошо известна, и всё же напомним некоторые аспекты её, преломившиеся и в цикле.

Получив наследство, младший сын вскоре покинул отчий дом, «пошёл в дальнюю сторону и там расточил имение своё» (Лк. 15:13).

Вспоминая в больничной палате о своём прошлом, лирическая героиня говорит:

> Была звана в Милан или в Париж —
> уже не помню. Краткий Баден-Баден
> мне предстоял.
>
> («Прощание с капельницей…»)

Этот нарочито богемный, фатовской тон призван передать образ праздного времяпровождения вдали от отчего дома. Возвращение домой ознаменовано покаянием:

> Нет мне спасенья, нет мне воскрешенья,
> греховно стынет немота души.
> Но слышу осторожность возраженья:
> покаялась — и дале не греши.
>
> («XI. Возвращение»)

В следующих стихах покаяние звучит более определённо, с конкретным указанием на вину перед родиной, семьёй и друзьями, оставленными на время «странствий».

> Мне родина — Москва, мне горько удаленье
> от дома, от родной чужбины пустяков.
> Покинутость детей, и дружб разъединенье,
> и одиночеств скит — вот родина стихов.
>
> («XII. Ночь до утра»)

Лирическая героиня постепенно очищается от грехов, перечисленных в молитве. Сюда относится и «дух праздности унылой», проявляющий себя как «грех унынья» («III. Послесловие к I»), и «любоначалие», связанное с желанием первенствовать, т. е. выступать (поэту, ставшему «кумиром» публики, грозит додуховность). О печальной участи «кумиров» повествует пятнадцатое стихотворение, объединяющее образы рождественской ели и актрисы Рашели темой «краха» «обобранной ели» («XV. Жалобы пишущей ручки»). Четвёртое и шестнадцатое стихотворения включают раскаяние в празднословии. В шестнадцатой части тема суесловия возникает в связи с раздумьями о скорой годовщине двухсотлетия со дня рождения Пушкина.

> Шум празднества страшит, и славословий клики
> ревниво слышу я: всё кажется, что врут.
>
> («XVI. Пред-проводы ёлки»)

Дух смирения и терпения помогает лирической героине смирить гордыню пера («XI. Возвращение»). Двенадцатое стихотворение «Ночь до утра» посвящено Борису Мессереру, и в нём сполна проявляет себя «дух любви» — от «объятий» «возлюбленного мужа» до любви к детям и родной земле.

Наконец, дух целомудрия проявляет себя в заключительных стихах, где лирическая героиня уходит в келейность писаний почти по Пушкину — «Ты царь: живи один» («Поэту», 1830). Здесь также обыгрывается и судьба поэта из пушкинского «Эха» — «оставаться без отзыва» [Топоров 1993: 21], как эхо. Название этого последнего стихотворения цикла («Послание») отсылает к «Посланию в Сибирь» (1827), только у Ахмадулиной это послание к самой себе, сославшей себя в духовную уединённость. Это её «монастырь в миру» как форма писательского исихазма, опять по Пушкину («Блажен, кто молча был поэт» «Разговор...»). Эта формула молчания является финальной в цикле, и выражена она довольно лаконично: «Пишу — себе». На этом Ахмадулина ставит точку.

Возвращение

Возвращение домой после больницы идёт в русле двух других пушкинских сюжетов — «Ариона» и «Онегина». И опять-таки Ахмадулина выстраивает их по принципу зеркальной обратности. Так, у Пушкина «громокипенье волн» в «Арионе» предшествует «прочному берегу», на который высаживается его герой.

> <…> Вдруг лоно волн
> Измял с налёту вихорь шумный...
> Погиб и кормщик и пловец! —
> Лишь я, таинственный певец,
> На берег выброшен грозою…
>
> («Арион»)

У Ахмадулиной «прочный берег» — больница — сменяется «штормом улиц» и встречей с полной неопределённостью в своей собственной квартире.

> Ужель нырну, покинув прочный берег,
> плохим пловцом в громокипенье волн?
>
> («XI. Возвращение»)

В больнице она предстаёт ребёнком, которому медперсонал указывает, куда двигаться. Но высшая цель этого движения от неё пока сокрыта.

> Меня качает. Ум плывёт и бредит:
> где цель моя? Мне объясняют: вот.
>
> («XI. Возвращение»)

Вопрос о цели в сочетании с номером квартиры («Неопытною поступью нетвёрдой // дом нагоню, чей номер: двадцать шесть») перекликается с восьмой главой «Евгения Онегина», где также присутствует 26: «Дожив без цели, без трудов // До двадцати шести годов» (XII). И дело не в том, что номер квартиры Ахмадулиной совпал с онегинским возрастом. Ей важно было найти переклички с пушкинскими сюжетами, адекватными её ситуации, чтобы осмыслить параллели и так преодолеть неопределённость момента. Онегинские странствия «без цели» («И начал странствия без цели» (XIII)) преображаются в цикле в возвращение «без цели» («Лифт опознаю и этаж четвёртый. // Осталось вспомнить: для чего я здесь?»). Вопрос высшей цели решается лирической героиней в сфере творчества.

Онегин, возвращаясь из плавания, попадает на бал («Он возвратился и попал, / Как Чацкий, с корабля на бал»). В цикле метафора штормящих улиц ассоциируется с возвращением по морю («Я озираю, после шторма улиц, / квартиры чужеродный континент»), а заброшенность пространства дома выглядит как беспорядок *после* бала жизни.

Что же кроется за этим неизменным принципом зеркального отталкивания от пушкинских сюжетов?

Судьба как зеркальное отражение

В самом первом стихотворении в один ряд поставлены сообщение о какой-то ворожее и наказы писать «попроще» и оживить «дух смиренья в сердце».

> Неодолимой порче
> подверг мой разум сглаз ворожеи.
> Но слышится: а ты пиши попроще.
> ...И дух смиренья в сердце оживи...
>
> («I. В Боткинской больнице»)

Оба наказа соотносятся с Пушкиным. Что же касается упоминания ворожеи, то, возможно, и она принадлежит к полю пушкинских значений. Если так, то это должно быть связано с ворожеей Пушкина. Известно, что Пушкину была предсказана возможная гибель в 37 лет «от белой лошади, или от белой головы, или белого человека» [Соболевский 1998: 9]. Как упоминалось выше, лирическая героиня пробуждается к жизни, окружённая белизной («Бел белый свет. Бела моя палата»). В контексте пушкинской судьбы белый цвет предстаёт отсветом той, фатальной, белизны, знаменующей собой смерть поэта. В пространстве же лирической героини белизна становится предвестником жизни.

Постепенно завеса приоткрывается. В третьем стихотворении читаем следующее:

> Как страшно близок День его рожденья!
>
> («III. Послесловие к I»)

Имеется в виду день рождения Пушкина, приближение которого почему-то пугает лирическую героиню. В пятом стихотворении проясняется смысл её страхов:

> В году родившись роковом,
> не ведает младенец скромный,
> что урожденья приговор —
> близнец и спутник даты скорбной.
>
> («V. Сюжет»)

Под близнецом и спутником «даты скорбной» подразумевается 1937 год — 100-летие со дня гибели Пушкина. Это год, в котором родилась Ахмадулина. В стихотворении фигурирует также и месяц её рождения: «Его созвездье — кроткий Овен», что вновь подчёркивает автобиографичность её лирической героини. 1937 год, печально известный как «роковой» из-за небывалого масштаба репрессий и жестокостей, стал «чёрной речкой» для многих. Зверства 1937-го поставлены в цикле в прямую зависимость от кровавого года-«близнеца»:

> Не все ли сделались мертвы,
> не все ли разом овдовели,
> пока справлял разбой молвы
> столетний юбилей Дуэли?
>
> («V. Сюжет»)

В духовном пространстве «всевременья» смерть Пушкина и рождение лирической героини Ахмадулиной образуют единый «сюжет»: «юбилей Дуэли» «приговаривает» к рождению лирическую героиню, чья судьба находится в зеркальной зависимости от судьбы Пушкина. Мысль об этом проскальзывает и в более ранних стихах Ахмадулиной. Например, в стихотворении «Игры и шалости» (1981), обращённом к Пушкину, она вопрошает: «В какой союз мы тайный сведены?» И вопрос этот касается не только творческих пересечений, но и отражённости судеб. Итог этой отражённости видится ей в дате её ухода:

Коль рождена в году Его посмертья скорбном,
двухсотый с чем придёт Его рожденья год?

(«XVI. Пред-проводы ёлки»)

Так, «пред-проводы» ёлки в шестнадцатом стихотворении цикла оборачиваются «пред-проводами» себя: 1999-й уже не за горами, близится 200-летие со дня рождения того, с кем она так глубинно связана.

«Я утаю и не предам перу»: предсказание ухода

Мистический сюжет зеркальности находит своё дальнейшее развитие в стихах 2000 года. Дата написания этих стихов, иногда вынесенная за пределы текста, а иногда включённая в него, становится той фокальной точкой, по которой угадывается подтекст. Например, в стихах «Отсутствие черёмухи» читаем:

> На этот раз лиловые соцветья
> угрюмо-скрытны, явно не к добру.
> Предчувствия и опасенья эти
> я утаю и не предам перу.

Стихи написаны за неделю до пушкинской годовщины, и внутренний сюжет выстраивается вокруг распознавания «симптомов» возможного ухода и «утаивания» их от пера, поскольку перо имеет силу волшебной палочки и написанное может реализоваться. За этими стихами следует «Скончание сирени» (30—31 мая, 2000), где продолжен мотив ожидания. Подавленность лирической героини, вписавшей себя в холст Врубеля «Сирень», где прекрасная и таинственная темноволосая женщина чем-то напоминает Ахмадулину, может показаться беспочвенной. Но это лишь для того, кто читает эти стихи вне контекста пушкинской даты.

> Лиловый цвет претерпевает убыль.
> Я сумрачна не мене, чем сирень.

> Коль в наш сюжет больной
> вмешался Врубель,
> пусть это будет нас троих секрет.
>
> Всеобщий май стал для сирени — осень,
> июнь её зимою осенит.

Эпитет «больной», относящийся в равной степени к «сюжету» и Врубелю, страдавшему душевной болезнью, вводит тему помешательства. В этом состоянии героиня то ли бредит, то ли слегка «проговаривается» о тайне, связывающей их троих. О сути этой тайны мы уже догадываемся. Строка «июнь её зимою осенит» является одновременно метафорой увядания сирени и зловещим предзнаменованием. В этой формуле оборотничества месяц рождения поэта становится месяцем смерти цветка, чья «зима» протягивает нить к месяцу гибели Пушкина. В конце стихотворения Ахмадулина, как всегда, чуть приоткрывает завесу, указывая на то, что увядание сирени — не просто описание природных процессов и не только абстрактная аллегория жизни и смерти, а конкретный «намёк на» её собственную судьбу:

> Скончание сирени — неужели
> намёк на... Грянул осерчавший Зевс.
> Я принимаю предостереженье
> и понимаю: место точки — здесь.

Появление Зевса в осерчавших небесах не есть знак язычества, но ещё один «намёк на» Пушкина, его образную систему. Точно таким же намёком на Пушкина становится образ Пана в «Отсутствии черёмухи»:

> Привыкла я, черёмуху оплакав,
> лелеять, холить и хвалить сирень.
> Был цвет её уму и зренью лаком;
> как мглисто Пана ворожит свирель!

Как известно, Пушкин в ранних стихах рисовал себя преемником свирели Пана. Тема свирели как намёк на покровительство Пана звучит и в более позднем стихотворении «Адели» (1822), заканчивающемся следующими строчками:

> И в шуме света
> Люби, Адель,
> Мою свирель.

В ночь на 6 июня завершены стихи «Пуговица в китайской чашке», писавшиеся три дня («3 — в ночь на 6 июня 2000 года»). В них уже дата становится частью поэтического текста, его знамением, окрашивающим каждую деталь в пушкинскую гамму.

> Июня третий день, субботний,
> ушёл на жалкую борьбу
> с вещицей, ставшею свободной.
> Но и перо я зря беру.
> Пустует лоб, слабеет локоть,
> до воскресенья — пять минут.
> Успеет ли пера неловкость
> нелёгкость спешки обмануть?
>
> Нет, времени сбылась идея:
> столкнулись лбами тьма и тьма,
> и неудача рукоделья
> равна изделию ума.

В «пушкинском» контексте пуговица — главная героиня стихотворения — это, возможно, та самая пушкинская пуговица, отсутствие которой на фраке поэта заметил при встрече с ним на Невском некий Николай Колмаков, студент Петербургского университета. Из этого наблюдения он сделал вывод о том, что за Пушкиным плохо смотрят. Теперь пуговица «отыскалась» в китайской чашке лирической героини накануне празднования дня рождения Пушкина. Не знак ли это того, что пуговица будет вскоре возвращена её хозяину лично ею? Слова «знаменье», «роковой», «вещий приговор», «намёк» очерчивают границы фатальности, связанной с зеркальностью дат, проступающих как «времени идея».

> Знаменье в том, что ровно полночь —
> час заповедный, роковой.
> Чем искупить и чем восполнить
> мгновенья вещий приговор?
>
> Долг пуговицы — весть разлада
> меж всем. Её побег — намёк
> на резвость моего таланта,
> пустившегося наутёк.

Талант, пустившийся «наутёк», — это метафора страха лирической героини-поэта перед «знамением» пуговицы, обнаруженной в «заповедный, роковой» час. Поэт не должен «предать перу» свои тревоги в полной мере, дабы они не сбылись. В этом смысле он «пускается наутёк». Пока все эти «свидетельства» обитают в области догадок, они нестрашны и выступают лишь как черновик судьбы. Намеренно не воплощая версию своей судьбы в слове, лирическая героиня-поэт тем самым противостоит её (судьбы) реализации.

> Тому есть несколько свидетельств,
> ещё вчерне, не наяву.
> На этом пуговицы действий
> я перечень остановлю.
>
> В нём — тени тайн, обмолвок блики…

Любопытно окончание этих стихов:

> На созерцателя прицыкну,
> заветному предамся дню
> и года новенькую цифру
> нулей триадой удлиню.

«Триада нулей» как незримое присутствие Троицы в символике 2000 года («ноль» как неизречённость) выступает тайной защитой и гарантией против расчётов мозга. Об одном из таких расчётов-просчётов Ахмадулина пишет в очерке о посещении дома-музея Пушкина в Михайловском, когда предчувствия «встречи» с Пушкиным одолевали её:

Приняв страстное заблуждение мозга за острие совершенного расчёта, я могущественно нацелила его на ясные черты статуи и тут же поняла, что промахнулась, как человек, поцеловавший пустоту [Ахмадулина 1999a: 102].

Излюбленное Ахмадулиной противоположение «мозг — сердце», где мозг непременно просчитывается, дано здесь с заметной долей иронии, направленной на «неудачника».

И тем не менее предчувствия её сбылись и желанная «встреча» состоялась именно в тот день, только совершенно не так и не там.

Но постепенно мои нервы опять сосредоточились на нём, и влияние его парка мучительно управляло мной, как сильный взгляд в спину, придающий движениям скованность и нетрезвость. Я тупо и ловко пробивалась вперёд, сквозь оранжевую мощь заходящего солнца, обезумев от сильного предчувствия, заострившись телом и помертвев, как пёс, прервавший слух и зрение, чтобы не мешать ноздрям вдохнуть короткую боль искомого запаха. И вот, острым провидением лопаток, я уловила тонкий сигнал привета, заботливо обращённый ко мне [Там же: 102].

Как видим, сюжет судьбы выстраивается последовательно и неуклонно в произведениях Ахмадулиной разных периодов и жанров, наращивая крещендо и достигая фортиссимо в «Глубоком обмороке» и последующими за этим стихами. Основой сюжета неизменно являются зеркальные даты. Его участники — желающий всё просчитать мозг («Признается последняя обмолвка: / как ни таись, герой сюжета — мозг») и тайна тайн, а разрешение конфликта — это всегда просчёт мозга, который нарциссически зациклен на себе и не вхож в сферы таинства:

> Что он проник в запретной бездны пропасть —
> пусть полагает храбрый космонавт.
>
> («Глубокий обморок. III. Послесловие к I»)

Послесловие

Ни юбилейный год рождения Пушкина, ни следующий за ним 2000 год не стали датой смерти Ахмадулиной, как она (или её художественный двойник) этого опасалась. Она ушла одиннадцать лет спустя, и ни месяц, ни год её ухода не намекали на связь с пушкинским днём рождения. Что же касается числа, то даже напротив: словно вопреки её модели зеркальности, число 29 (она умерла 29 ноября) совпадает с датой гибели Пушкина по старому стилю (тоже 29-го, только января).

И всё же…

Пушкин погиб в 37 лет, не дожив почти трёх месяцев до своего тридцативосьмилетия. Ахмадулина умерла в 73 года, не дожив почти четырёх с половиной месяцев до своего семидесятичетырёхлетия. 37 и 73. Зеркальные даты. Совпадение? Знак?

ВСТРЕЧИ
С БЕЛЛОЙ АХМАДУЛИНОЙ

Три эссе

История двух автографов

Их было немного, но свет от каждой запечатлелся настолько, что ощущение её присутствия продлилось на долгие годы, навсегда.

…Я появляюсь на пороге мастерской Бориса Мессерера — «пристанище вольнодумцев», как скажет позднее она, — и шквал доброты, лучезарности и какой-то материнской нежности обрушивается на меня. Это как сон. Тем более если учесть, что никто меня с ней не знакомил, никто не замолвил словечко. Да и кто замолвит? Ничего выдающегося я не совершила, жила себе в своей Одессе, писала, размышляла, пыталась разгадать её стихи.

В моих наивных студенческих мечтах всё было так: я позвоню, и она откликнется. Для чего позвоню, что буду говорить — об этом в мечтах ничего не было. Мечты (в особенности мои) имеют тенденцию сглаживать детали и нюансы, которые им ни к чему. Идеал на то и идеал, чтобы не заморачиваться на мелочах. Главное — идея, образ. А конкретика начинает вносить сумятицу, порождать противоречия. Поэтому о ней думать не надо, как не надо думать о вероятности такого поворота дела. Ты — единственный в своём роде. И вероятности тут ни при чём. Вероятности не работают для уникальных случаев. А она ценит именно такие случаи. Как там у неё сказано об этом? *Нет, я ценю единственность предмета, / вы знаете, о чём веду я речь…* Знаю, знаю…

Телефон я нашла в телефонной книге. Такой толстенный, жёлтого цвета телефонный справочник. Очень добрый и услужливый, в отличие от людей, которые частенько раздумывают, давать тебе искомую информацию или нет.

Справочник был явно придуман таким, как я, для таких, как я — с улицы. И поэтому у нас с ним с первого взгляда возникла глубокая симпатия.

— Ну что, брат-справочник, — говаривала я ему вечерами на кухне.

— Ещё нет, ещё нет, ещё маленький секрет, — отвечал он мне, понимая, о чём я.

И я писала «Стихи о Саде и Садовнике» и «Лунный путь», предвкушая встречу, развязку которой рисовала себе так: *И раскланиваться станет / Только с ночью и луной* («Стихи о Саде и Садовнике»). Ну и конечно, читала, читала, пыталась проникнуть в тайнопись её сказаний. И вот в один прекрасный день справочник подморгнул мне нужной страницей.

— Ты уверен? Ну, ладно.

Набираю заветный номер. На том конце снимают трубку, и её голос отвечает:

— Слушаю.

Вот и всё. Этого следовало ожидать. Что же теперь? Когда тебя слушают, нужно говорить. Я говорю. Получается какой-то шелест, как листья в саду. «Я вышла в сад»… Спохватываюсь, называю своё имя. Представляюсь кое-как. Полное отсутствие знакомых. Что она подумает?

Она оживляется, узнав, что я из Одессы. Я вслушиваюсь, боясь пропустить что-то важное. Нужно запомнить всё-всё, ведь это больше не повторится. Либо её голос звучит глуше, либо волнение притупляет слух. Ничего не могу понять, запомнить, ответить. И вдруг: Верочка, приезжайте!

Это не ко мне. Там, наверное, какая-то её московская знакомая или родственница, моя тёзка.

— Приезжайте! — повторяет она.

В трубке гудит, как при взлёте. Ну что ж… Кучевые кроны остались внизу вместе с Чёрным морем. Мы летели, летели, летели… Я летела с первой минуты её приглашения, а мой муж присоединился ко мне уже в самолёте. На следующий день я стояла на пороге мастерской Бориса Мессерера, той самой, на Поварской, двадцать... *Был дом на Поварской / (теперь зовут иначе)*...

Это было теплей и искренней, чем я себе представляла. За окном — ливень, капли медленно скатываются по лбу и щекам. Почти как в её «Сказке о дожде», и на ум сразу приходит: *Дождь, как крыло, прирос к моей спине.* Она улыбается и приглашает меня в комнату. Там — стол длинный с креслами, и все разные.

— Присаживайтесь, — указывает она на кресла с улыбкой.

Хватаюсь за приглянувшееся, чтобы поскорее с ним слиться. Цель прихода мне всё ещё неясна. Она же и вовсе не спрашивает об этом. По-прежнему улыбаясь, она ставит чайник на плиту, чтобы согреть дождь. У меня в руках цветы из Сада (Господи, совсем забыла!). Она берёт цветы, ставит в вазу, и мы говорим о Саде, о цветах, о Цветаевой...

— Вы принесли стихи? — спрашивает она.

— Да...

Читаю ей «Лунный путь...». Она слушает, чуть наклонив голову. Когда я заканчиваю, она пристально смотрит на меня и говорит:

— А вы умны. И как ни удивительно, ни на кого не похожи.

Нужно сказать, что «Лунный путь...» был написан по следам её поэмы «Род занятий» (1982), разгадать которую мне удалось лишь недавно. Но в поэтическом плане я ухватила суть уже тогда, ухватила не подражательно и не мудрствуя лукаво, как бы отбросив своё литературоведческое «я». И при этом сумела выразить идею единственности, творческой суверенности, написав: «И не бывает встречи овна с овном», имея в виду знак, под которым мы родились.

Она встаёт, идёт к книжной полке, берёт «День Поэзии — 1984», извиняясь, что у неё нет сборника стихотворений, и подписывает его: «Милая Верочка, примите мою любовь и дружбу!» Затем вкладывает засушенный лепесток между страницами, поясняя:

— Это с цветаевского места.

Лепесток будет храниться на её страничке все годы, пока однажды, к моему огорчению, не превратится в пыль.

Дождь прекращается. Мне пора. Сегодня у неё поэтический вечер в музее Маяковского, а день был щедро отдан мне. Пора и честь знать. Я поднимаюсь с кресла.

— Верочка, а я следила за вами, какое из кресел вы выберете, — с загадочной улыбкой говорит она.

Я молчу, выжидая.

— Кресло Бориса Пастернака, это очень хорошая примета, я загадала...

Я немею. Что тут можно сказать? Хорошо, что она оповестила меня об этом после. Читать свои стихи Белле Ахмадулиной в кресле Бориса Пастернака — не слишком ли много для первого дня?

— Ах да, совсем забыла вас попросить об одолжении! — спохватывается она. — Когда вы вернётесь в Одессу, зайдите, пожалуйста, в библиотеку и попросите исправить опечатку в моём сборнике, вот на этой странице.

Она быстро пишет номер страницы и что следует исправить. Я, разумеется, сделаю это первым делом. Войду в надменный, с мраморными полами вестибюль, подойду к окошечку, в котором живой портрет библиотекаря-женщины строго смотрит на проходящих, и вымолвлю:

— Вот тут Белла Ахмадулина попросила исправить опечатку в её сборнике...

Протяну листок с номерами страниц, написанными её рукой, а библиотекарь только поднимет треугольник бровей и ответит назидательным тоном:

— Не положено. Автор должен прислать нам письмо на бланке с печатью и подписью, а иначе это будет считаться порчей государственного имущества.

После этого она застынет в рамке окна, только очки будут посверкивать, как две большие опечатки.

— Не положено, — отрапортую я со вздохом в телефонную трубку.

— Боже мой, какая нелепость! — скажет она. И добавит задумчиво. — Верочка, поцелуйте море!

— Конечно.

С морем будет гораздо проще. Оно подставит свои хлюпающие губы и чмокнет меня в ответ. Но это ещё впереди. А пока я обещаю позаботиться об опечатке. Она действительно глупая — вместо «сада» напечатано «ада»...

— Так я жду вас вечером в музее, — повторяет она уже на пороге.

— Но там же, наверное, билеты невозможно достать? — волнуюсь я.

— Что-нибудь придумаем, — обнадёживает она.

— Нас двое, — робко признаюсь я.

— Двое? А где ваш... спутник?

— Муж, — уточняю я.

— Муж? Где же он? Ведь был страшный ливень! Он, наверное, совершенно промок! Давайте его пригласим, пусть обсохнет. Ну как же так!

Она расстроена, хочет немедленно бежать вниз, разыскивать моего промокшего мужа, который из деликатности не согласился зайти к ней со мной вместе.

— Его чаем нужно напоить, чтобы он не простудился, — приговаривает она, направляясь со мной к лифту.

Я еле отговариваю её, убеждая, что, во-первых, у него есть зонт, а во-вторых, он просто хотел побродить по Москве, которую неплохо знает, а в-третьих...

В-третьих, мой муж сидел на ступеньках лестницы её парадного и терпеливо ждал окончания дождя и встречи. Мокрый зонт стекал в углу, наплакав уже порядочную лужицу. Хорошо, что она не видела этого. «И как в ней уживаются эта высота и кажущаяся оторванность от всего обыденного с таким раскрытым всем болям и невзгодам постороннего мира сердцем?» — думаю, пока мы движемся с ним в неясном мне направлении.

Вечером мы встречаемся у музея Маяковского. Билетов, разумеется, нет, мы стоим у дверей, как она и велела. Она появляется, окружённая сатурновыми кольцами поклонников, и направляется сразу к нам.

— У вас замечательный муж, — шепчет она мне на ухо. В роящемся зуде голосов её шёпот звучит как-то особенно веско. — Он редкий, — продолжает она. — Берегите его, не расставайтесь, будьте всегда вместе!

Мы проходим в зал. Пока мы идём по вестибюлю и лестнице, я ощущаю какую-то странность, которую поначалу не могу определить. Действительно, что-то необычное, даже как бы сюрреалистическое было в нашем шествии. Только спустя несколько секунд до меня доходит, в чём дело: это не мы идём за ней, а она как бы сопровождает нас и при этом громогласно представляет меня налево и направо своим друзьям и устроителям вечера, которые отгородили нас от следующих за ней тесным полукружьем зрителей. От смущения не знаю, куда деваться. Здороваюсь с людьми, которые, наверное, принимают меня за кого-то, кем я не была, а она продолжает представлять меня, будто вечер не её, а мой.

Потом она усаживает нас в первом ряду, который держат «для своих», и наступает Сад…

Её торжественность, даже какая-то ритуальность, предшествовавшая чтению, была на самом деле уже частью того действа, которое было «предстоящим» только для публики, но никогда не прекращалось в ней самой. Она была естественна на своей возвышенной сцене, как зритель был естественен в своём кресле. Интонации её в жизни были теми же, что на сцене и бумаге. Она была собой всегда и во всём. И безбрежность в любви и дружбе, так шокировавшая и смутившая меня поначалу (чем я заслужила такое?), была тоже естественной для неё.

По окончании вечера, помню, подходит к ней какой-то элегантный молодой человек, представляется, назвав кого-то из общих знакомых, и галантно склоняется над её запястьем. Потом так же галантно засовывает руку в портфель и вытаскивает букет бумаг с отпечатанными стихами. Мне издали видны длинные аккуратные строфы, рельсами бегущие по листам. «Этот — настоящий, не то что я, самозванка», — думаю с лёгкой завистью. Она вдруг вспыхивает и говорит ему что-то быстрое с еле сдержанным негодованием в голосе. Слов я не разбираю, но поэт быстро отходит, и его сменяет Борис Мессерер, наблюдавший эту картину поодаль. Он деликатно кладёт ей руку на плечо и что-то шепчет на ухо. Она резко оборачивается в мою сторону и улыбается уже знакомой мне улыбкой.

— Верочка, Вадим, идите сюда, почему вы там сидите? Всё уже закончено. Мы сейчас пойдём вниз, там все наши собираются. Вы не спешите никуда?

У нас как раз была назначена встреча с родными Вадима, и я ей об этом честно сказала. Кроме того, войти с ней в зал, полный её друзей, которым нужно будет представляться и пр., и пр., было для меня тяжёлым испытанием после такого дня. Я должна была унести его таким, каким он был мне подарен в чистом виде, без примеси банкета. Она тут же это поняла.

— Ну что ж, раз так, то завтра непременно приходите к нам вдвоём с Вадимом. Договорились?

— Завтра мы уезжаем. У нас билеты на дневной поезд… Мы только на три дня с дорогой…

— Вот как… А вы утром забегите ко мне попрощаться, ладно?

— Непременно забежим. Спасибо!

Мы благодарим за вечер.

— Видели того поэта? — лукаво спрашивает она, пока мы спускаемся по лестнице.

Я киваю.

— Борис сказал мне, чтобы я так не сердилась, а то вы подумаете, что я какая-то бармалейка. — Смех вырывается на свободу, и мы все хохочем, снимая напряжение. — Терпеть не могу, когда ходят ко мне по знакомству, — говорит она, всё ещё храня смех в глазах. — Стихи свои суют, да ещё и на моём вечере! Небось, он и отсидел с одной только мыслью, чтоб стихи мне свои всучить. Вот вы бы так никогда не поступили.

Внизу её уже ждут, жестами показывая, что пора, мол, все уже в сборе.

— Белла, ну идём же, все давно собрались! — кричит ей какая-то дама.

Мы прощаемся.

На следующий день, как условились, едем к ней. Поднимаемся на скрипучем лифте, а она уже встречает нас на пороге, сияющая.

— Проходите.

Мы проходим, но присаживаться нет времени.

— Вы торопитесь, я знаю. Вот, это вам.

Она протягивает мне листок — письмо, отпечатанное на машинке.

— Что это?

— Предисловие к вашей будущей книге стихов.

Вот это да! Об этом ведь и речи не было! Я беру, совершенно ошеломлённая, не зная, что сказать.

— Читайте, тут немного.

Беру листок из её рук, читаю… Поначалу трудно собраться с мыслями, буквы никак не складываются в слова. Наконец-то прорываюсь через их лес к первому предложению: «Я не скучаю по своей молодости и радуюсь молодости других — мне не хотелось бы провиниться перед ними…»

— Я тут всё о себе да о себе, — говорит она, поглядывая на меня с усмешкой, пока я медленно вчитываюсь.

«Тех, кто щедро и расточительно помогал мне, да и всем, кто попадался на добрые их глаза, — давно нет на

свете. Сумею ли я посмотреть их любовным и охраняющим взглядом на тех, кто молод, на Веру Зубареву, например? Сначала я увидела её стихи, воображение соотнесло их с морем и побережьем, с бликами, с хрупким чередованием блеска и тени. Прихотливый, независимый и несомненно ранимый мир открылся мне, явилась мысль о возможном обидчике воздуха и моря. И сама милая Вера очень понравилась мне! Я верю, что она слышит голос своей звезды, предвещающей удачу, но оберегающей от суеты, вздора, поспешности. Её стихи — изъявление ясной и суверенной души, грациозно существующей в осознанном пространстве. Я мечтаю и надеюсь, что у Веры Зубаревой выйдет книга. Чудесно, что это будет в Одессе! Само имя города кажется мне неопровержимо счастливой приметой».

Я держу драгоценный листок, в котором очерчен весь мой путь — от заповеди до благословения. Впереди — годы жизни, труда. Годы становления.

— Теперь я должна всё это оправдать, — отвечаю на её немой вопрос о том, что я думаю по поводу предисловия.

Она обнимает меня на прощание, и я уношу с собой её свет.

«Я вышла в сад…»: встреча в Филадельфии

Кафедральный собор трёх религий Брин Атин — любимое место прогулок русских американцев. Предание гласит, что его основатель Джон Питкейрн долго выбирал территорию для его возведения, пока не пришёл на эти холмы и не приснился ему ангел, указавший на эту землю. И действительно, когда попадаешь сюда, создаётся ощущение открывающихся возможностей, чего-то крылатого. Хочется загадывать самые несбыточные желания, что я и делала не раз, гуляя по этим просторам.

Я уверена, что на новом месте дружба начинается не с людей, а именно с пространства. Оно может отталкивать или притягивать, по нему несутся вести, оно проводник снов и мечтаний. Короче, оно живое, чувствующее и мыслящее. И у него есть свои предпочтения, свобода воли и пр., и пр. Я люблю настроиться на пространство, вслушаться в него.

Гуляя по парку Брин Атина, я рисовала себе картины встречи с его основателями, и ещё много разных фантазий сменяли друг друга, возникая совершенно непроизвольно, будто сам воздух генерировал их. Но лишь одна мечта постоянно сопутствовала мне во время прогулок, став своеобразным фоном для всех остальных. Она возникла неожиданно и вместе с тем органично, будто сам сад, разбитый в парке, породил её из своих диковинных цветов. А нужно сказать, что прихожане разбили этот сад по образу эдемского, поставив таблички с информацией о растениях изумительной красоты, чьё цветение сменяло друг друга в зависимости от времени года. Так что сад был вечноцветущим и действительно производил впечатление Эдема в миниатюре. Однажды, спускаясь по одной из его дорожек, я продекламировала: «Я вышла в сад. Но глушь и роскошь...» Это стало началом мечты.

С тех пор всякий раз, когда я оказывалась там, я произносила эти строки как заклинание. Я придумала себе сказку о том, как однажды к нам в Филадельфию приедет Ахмадулина и я поведу её в Сад.

Со сказкой всегда уютней жить. Она делает общий климат жизни мягче, добрее, отзывчивее. Сад Брин Атина стал вместилищем моих фантазий. Немудрено, что я спешила улучить момент, чтобы отправиться туда, где меня ждало всё, чего я желала. И вдруг...

В самый разгар цветения сада, в мае, открываю местную русскую газету и читаю объявление о том, что в Филадельфию приезжает с выступлением Белла Ахмадулина. И телефон, по которому можно заказать билеты, указан. Звоню, представляюсь, прошу два билета для себя и мужа, но оказывается, что всё уже раскуплено, — газета была апрельской, а я и внимания не обратила!

— Как жаль, — говорю. — Я так хотела повидаться с ней.

— Повидаться? А вы что, знакомы с Ахмадулиной?

— Да, знакома. Она и предисловие к моей первой книжке писала...

— Ой, так что ж вы сразу не сказали! Приезжайте ко мне, прямо сейчас. И книжку, книжку захватите!

Захватываю книжку — «Ауру», благо экземпляров полным-полно, — и мчусь.

Зоя Германовна, восьмидесятилетняя энергичная женщина, открывает двери и приглашает в дом. В нём какой-то особый дух. Позже, разговорившись, узнаю, что дом деревянный и что Зоя Германовна только такой и высматривала для себя, когда приехала сюда много лет назад с покойным мужем. Внутри довольно просторно и необыкновенно уютно. Обстановка — то, что мы называем здесь, «русская». Первое, на что обращаешь внимание, — книжный шкаф в большой комнате. В нём хранятся книги с автографами всех, кого Зоя Германовна приглашала с выступлениями. Там и Эльдар Рязанов, и Жванецкий, и…

— Я тоскую по родной культуре, вот и приглашаю сюда тех, кто мне интересен, раз сама поехать не могу, — объясняет она.

Зоя Германовна рассказывает о своей судьбе, о лагерях, о том, как чудом выжила. Говорит, что готовит книгу с воспоминаниями. Плавно переходим на Ахмадулину. Она высоко отзывается о ней, проявив осведомлённость о том, что Ахмадулина делала для политических. Спрашивает, как я с ней познакомилась, и мой рассказ ошеломляет её. Потом она внимательно читает предисловие Ахмадулиной к «Ауре», кивая головой. О билетах пока ни слова. Впечатление, что я просто пришла в гости.

— Ну хорошо, — наконец говорит она, дочитав. — За книгу спасибо. Давайте так. Когда Белла приедет, вы с мужем придёте ко мне на обед. Можете взять пару друзей.

— Спасибо, непременно придём. А из друзей я приглашу художницу Ирину Френкель и профессора Пенсильванского университета Арона Каценелинбойгена.

— Как же! Знаю и его, и об Ире слыхала. Прекрасные у неё работы. Приводите.

Я понимаю, что на этом мы должны распрощаться.

— А что с билетами? — напоминаю о цели визита.

— Пойдёте со мной, вот и всё.

Всё так всё. С Зоей Германовной лучше не спорить.

Дальше ничего не помню — ни как наступил этот день, ни как мы пришли к Зое Германовне, ни как встретились с Беллой и Борисом впервые после стольких лет. Всё как в тумане. Пытаюсь расспросить потом мужа, но то, что он рассказывает, звучит какой-то чужой историей. Это было не со мной, и запомнить этого я не могу, а уж тем более написать с чьих-то слов. Расспрашиваю и Арона с Ирой, но у каждого из них тоже своя версия встречи. Всё, что я помню, — щедро накрытый Зоей Германовной стол, Беллу с Борисом напротив и звук голосов. Говорят, конечно же, о России, но о чём конкретно, я не понимаю. Всё как за завесой. Отчётливо только Белла, исходящая от неё нервозность и какое-то даже отторжение от говорящих. Она раздражается всё больше, что-то резко возражает одному из присутствующих, но потом кто-то провозглашает тост, и всё как-то само собой устаканивается.

Я же не пью, не ем и вообще отсутствую на застолье. Всё воспринимается мной только в ощущениях, импульсами, которые исходят от неё. Один из самых, пожалуй, сильных импульсов — её необычайное расположение к Зое Германовне. Это как другой полюс — полностью положительный, светлый, благодарный. По отношению к себе ничего не ощущаю, поскольку меня, повторяю, вроде бы нет.

Застолье заканчивается так же невнятно, как начинается. Уже у двери:

— Верочка, так вы придёте завтра с Вадимом?

Я тут же материализуюсь.

— Да, да, конечно!

Десяти лет будто и не бывало. Всё как прежде, как тогда. Те же добрые, улыбчивые глаза и тон почти материнский.

— Вера, Вадим, завтра около пяти зайдите за нами, — командует Зоя Германовна. — Пойдём все вместе.

Когда мы приходим на следующий день, Белла ещё наверху с Борисом, готовится. Зоя Германовна пока что знакомит нас со своей молодой помощницей, занимающейся билетами и залом.

— Вы откроете вечер и представите Беллу, — говорит мне Зоя Германовна.

— Я? Беллу Ахатовну? Ни за что!

Такой категоричности от меня никто не ожидал.

— Почему? — недоумевает Зоя Германовна.

— Потому что… Как я могу представлять Ахмадулину? Её и так все знают. Это как-то даже нелепо.

— Ну как хотите. Тогда Света представит.

На том и порешили.

Через пару минут Белла спускается вниз. На ней чёрная блуза с воланами, подчёркивающая её воздушность, и чёрные, из такой же лёгкой ткани брюки. Она приветствует нас, и её приподнятость мгновенно передаётся всем. Предчувствие праздника разносится по дому. А она уже парит в ритмах своей поэзии, и блуза на ней колышется, как ночной воздух.

Мы выходим из дому и направляемся к синагоге, где будет проходить вечер. Синагога в десяти шагах от дома. До начала почти час, а люди уже паркуются и спешат к кассе. В коридоре выстроилась очередь. Двери в зал заперты. Когда мы появляемся, все взгляды устремляются на нас. Белла берёт меня под руку, а Борис с Вадимом идут позади. Впереди — неутомимая Зоя Германовна со Светой. Нас сразу же пропускают в зал, а за нашей спиной начинается продажа билетов.

Пока Белла рассматривает помещение и сцену, из боковой двери появляется Света, показывает нам наши места, а Беллу вместе с Борисом ведёт за сцену. Вскоре зал наполняется голосами, скрипят кресла, раздаются приветствия. Впечатление, что все друг друга знают, и так оно и есть, потому что любой кивок и приветствие комментируются вслух, и ближайшие несколько рядов моментально получают информацию о том, кто кому кивнул. Вся эта сеть знакомств постепенно сходится к центральной фигуре, которую знает абсолютно каждый, и уже можно слышать, как обсуждаются те или иные биографические подробности Ахмадулиной. Кто-то что-то оспаривает, кто-то что-то добавляет, кто-то просто вслушивается и пытается составить своё мнение.

Наконец появляется Света и, кратко представив Ахмадулину, приглашает её на сцену под аплодисменты зрителей. Летящим шагом, не заставив себя ждать, она появляется и чуть смущённо приветствует собравшихся. Зал громаден и полон. Нет ни одного свободного места. Мы как раз за неделю до её приезда купили видеокамеру, и Вадим пытается записать весь вечер. Это его первая проба, поэтому не всё получается и качество не очень, но всё же материала достаточно для того, чтобы потом насладиться ещё раз происходившим. Это её юбилейный год, шестидесятилетие, и Борис рассказывает немного о том, как отмечался в Москве этот день. Потом его сменяет Белла, продолжая рассказ о чествованиях в театре, где работает Борис (цитирую по видеозаписи):

— Ну вот, и когда я появилась перед тем, как читать стихи, я всё-таки сказала, чтобы снять угрозу такую, которая нависает над всяким юбиляром. Знаете, чтобы не заморочить официальными подобострастиями и вообще каким-то подобострастием или славословием тягостным и стыдным… Поэтому я сразу сказала, что… ну то есть я уверила благородную публику, что здесь не потому, что я *ликую* по поводу годков, которые я прожила в предложенных мне обстоятельствах… что тоже заслуга в общем-то. (*В зале смешок.*) Вот… а для того, чтобы соотнестись с людьми, служить, поклониться и так далее. Что я и проделала. Ещё только маленькое дополнение к этому. Я уже говорила во время наших выступлений, что всё-таки я вот живу там, действительно, но вот эти пробелы такие, изъяны, пустоты, которые остались после отъезда тех, кто желал, должен был, вынужден был или просто по известным ему причинам уехал, они как-то были мне заметны. Я уж не говорю о том, что у меня друзья здесь. Вот Аксёнов… Ну вот тут есть ещё (*кивает в нашу сторону*), сидят, есть (*улыбается*)… Ну вот… я понимала, что если отслужила московской… там ещё из Питера были люди… Ну вот, если я отслужила тем, кто ко мне благосклонен, то я понимала, что и здесь я кому-то что-то напоминаю и кто-то меня помнит.

И немножко страшась столь громоздкой… столь громоздко-стремительной поездки, я всё-таки знала, что мой долг — вот так перед вами стоять и потом в конце кланяться, потому что… если вы туда не приехали, то мне следовало приехать, не правда ли? (*Аплодисменты.*)

Всё это было обрамлено чтением. Она читала в основном знакомые вещи. Среди них и стихи памяти Мандельштама («В том времени, где и злодей…»), и «Побережье», и «Метель», и «Клянусь»… Перед чтением последнего она говорит:

— В стихотворении упоминается название города Елабуга, где 31 августа сорок первого года погибла Марина Цветаева. В стихотворении «елабуга» пишется с маленькой буквы, потому что я никаких счётов с бедным, ни в чём не повинным городом и его жителями не свожу. «Елабуга» здесь скорее нарицательное имя некоторого… иносказательного чудовища, чудовища, чьи челюсти или чья хватка вот так (*она смыкает пальцы над горлом*) смыкаются над беззащитным горлом.

Она опускает голову и медленно, нараспев начинает:

> Тем летним снимком: на крыльце чужом,
> как виселица, криво и отдельно
> поставленном, не приводящем в дом,
> но выводящем из дому…

Вечер завершается чтением «Сада», и в юбилейной атмосфере особо пронзительно звучат строки:

> Я вышла в пустошь захуданья
> и в ней прочла, что жизнь прошла.
>
> Прошла! Куда она спешила?
> Лишь губ пригубила немых
> сухую муку, сообщила
> что всё — навеки, я — на миг.
>
> На миг, где ни себя, ни сада
> я не успела разглядеть.

Зал погрустнел и мысленно обнялся — такое большое, всесвязывающее объятие разнородных людей — а потом пребывал на волне молчания ещё несколько секунд после того, как она поклонилась.

Вечер закончен. Публика окружает её, покупает прекрасно изданную книгу, получает автограф.

— Ну как, ничего? — спрашивает она, когда ряды почитателей редеют.

Я в изумлении молчу. Разве можно о таком спрашивать?

Выручает Зоя Германовна, скомандовавшая поспешить к ужину.

В доме нас уже ждёт накрытый стол, и отчуждённая обстановка вчерашнего обеда сменяется более чем тёплой атмосферой. Все голодны, возбуждены, полны впечатлений, и горячая, исходящая паром картошка в мундирах с русской селёдкой сплачивает пришедших.

На следующий день мы отправляемся в Брин Атин. Всю дорогу я боюсь вымолвить слово, чтобы не вспугнуть волшебство приближающегося момента. Наконец-то! Наконец-то я увижу, как материализуется мечта.

Подъезжаем. Она восторгается ландшафтом и архитектурой церкви и близлежащих замков. Вадим рассказывает историю этого места. Мы прогуливаемся перед храмом трёх религий, заходим вовнутрь, выходим, немного стоим перед храмом, наслаждаясь зелёным склоном, ведущим вниз. Она вдруг снимает босоножки и вприпрыжку мчится по склону, раскинув руки. Я чинно спускаюсь вслед за ней, и мы идём по тропинке, беседуя о литературе, о том, что я делаю.

— Я стала писать стихи по-английски, — признаюсь, немного смущаясь.

— Прекрасно! Это замечательно. Продолжайте, не бросайте. Вы молодец! — восклицает она, всё ещё держа босоножки за спиной.

Борис деликатно идёт поодаль, не вмешиваясь и не мешая нашей беседе. Так мы приближаемся к тому самому месту, на котором возникла моя мечта. Она вдруг приостанавливается, поворачивается к Борису и восклицает:

— Боря, посмотри! — и начинает декламировать: — «Я вышла в сад...»

У Вадима округляются глаза. Он даже забывает о видеокамере. Сад ликует. Но кроме нас троих о случившемся никто не подозревает.

Потом мы перекусываем в одном из уютных итальянских ресторанчиков. Настроение приподнятое, всё искрится — глаза, вино, шутки официанта.

— Как артистичны здесь люди! — восхищается она. — Молодые ребята, а так непосредственны и вместе с тем тактичны. Интересно, это так обучают их здесь?

Беседа течёт, согревает, веселит. Мы с Борисом — слушатели, а Белла с Вадимом — оживлённые рассказчики. Оба остроумны, динамичны и с лёгкостью развивают беседу.

У Зои Германовны мы подписываем друг другу книги, и Ахмадулина, закончив, читает мне вслух дарственную надпись. Вадим записывает всё на видео, но из-за того, что телевизор включён на полную громкость, звук её голоса перекрывается пением Аллы Пугачёвой, так что при просмотре невозможно будет ничего разобрать. Зато записывается, как Белла вытанцовывает под «Всё могут короли», пока я старательно вывожу надпись в своей книге.

Вот и подошёл к концу этот день, третий по счёту. Наступает час прощания. Завтра с утра они отбывают в Нью-Йорк, а оттуда — домой.

«И всегда, и везде»: письмо из занебесья
История третьего автографа

Ещё в юности я твёрдо решила: никогда не стану писать о творчестве Ахмадулиной. Нет, не «Описание обеда» (1967), где иронично был выведен наш брат литературовед, повлияло на моё решение, а боязнь того, что неумелое прикосновение к тайнописи повредит тайне. Моей первой попыткой отозваться на её тайнопись была поэмка «Лунный путь, или Поэма о стихах», которую она одобрила. Дальше этого я идти не собиралась.

Потом наступили мрачные дни, её не стало, и даже перечитывать её стихи не было сил. Особенно удручало, что книга с её автографом куда-то подевалась, и я тщетно пыталась отыскать её в своей громоздкой библиотеке. Позвонила Борису спустя какое-то время, выразила соболезнование, он пригласил зайти, когда будем в Москве… Всё развивалось постепенно, как входишь в стихию воды, аккуратно нащупывая дно перед тем, как стать рыбой. Сначала мы сделали документальный фильм «Единственность», в основу которого легла история знакомства с Ахмадулиной. Меня приглашали с ним в американские университеты и библиотеки, просмотр его состоялся также в Одессе и в Москве. На демонстрацию приходил и Борис Мессерер, который рассказывал о Белле, о прошлом… Фильм ему нравился, и он был благодарен, что я дала в нём «возможность высказаться Белле», имея в виду запись её вечера в Филадельфии, отрывки из которой были включены в фильм.

А через два года после её смерти вдруг получаю письмо от Владимира Звиняцковского из Киева. В нём Владимир, в частности, пишет: «А не дадите ли мне статью — любой темы и объёма — к юбилею Ахмадулиной? Я, видите ли, издаю журнал для учителей русского языка и лит-ры — их уж мало осталось на Украине, и нужно их любить и лелеять!» Письмо приходит 8 апреля 2012 года, т. е. за два дня до 75-летия Беллы. Владимир — человек известный, милый, талантливый литературовед, да и наши инициалы — ВЗ — совпадают… В общем, связь налаживается сразу. Тут же отвечаю на его предложение вопросом: «А статья нужна научная или просто воспоминания? В "Неве" в марте вышли мои воспоминания. Если не подходит, тогда подумаю о чём-то другом».

Владимир: «У меня принцип — только оригинальные статьи, ничего не перепечатываю. Журнал для учителей (и преподавателей высшей школы тоже) — не дайджест. Идеально было бы нечто "в оригинальном жанре" — исследование (в свободной форме) вместе с мемуаром. Был бы счастлив опубликовать Вашу статью — в 3-м номере (журнал выходит 6 раз в год)».

Опять ворошу свои книжные полки, надеясь на то, что а вдруг книга с автографом найдётся, с грустью нахожу другую книгу и погружаюсь в чтение не раз читанных стихов. Плыву за музыкой строк и образов, предаюсь воспоминаниям, и вдруг лодка моя упирается в какой-то валун и резко останавливается. Стихи, которые приостановили плавание, — «День: 12 марта 1981 года». Читаю и перечитываю как впервые. Почему 12 марта? Для чего год? Что означает весь этот сюжет? Стихотворение затягивает, толкает к погружению… И вдруг, как по мановению волшебной палочки, все детали связываются в уме и открывается удивительный имплицитный сюжет этих стихов.

Началась предстартовая лихорадка.

9 апреля.

Я: «Хорошо.

1. Сколько у меня времени?

2. Не смутит ли моя тематика учителей? Я собираюсь писать о мифе Отца и Сына в стихотворении *День: 12 марта 1981 года*. Подойдёт ли это?»

Он: «Спасибо! Идеальный срок — до 20 мая…»

Вопреки моим опасениям статья сама полилась из-под пера, словно под «небесный диктант», говоря словами из другого стихотворения Ахмадулиной. Строчу под «диктовку» и дивлюсь: какая лёгкость пера необыкновенная, мне не свойственная! Так, не останавливаясь, и завершила статью за день.

10 апреля.

Я: «Сегодня день рождения Беллы… Статья вдруг написалась. Теперь буду дорабатывать».

Он: «…завтра сдаю на вёрстку второй номер журнала. Кстати, если бы та статья, что вдруг написалась, попала ко мне до того момента, когда у нас будет завтра 8 утра (в Москве это будет 9, а в Филадельфии, наверное, час ночи?) — она была бы до сумской конференции уже напечатана и из Сум с москвичами передана Вам в Москву уже в готовом журнале (*Я писала Владимиру, что буду в Москве в мае. — В. З.*)! И был бы вовремя, а не задним числом, отмечен день рождения Беллы…»

Это удар ниже пояса.

Я: «Постараюсь, раз уж всё так потекло…»

Дрожащими руками хватаюсь за статью, перечитываю, переписываю, переделываю. Белла только поглядывает и ухмыляется. Между делом диктует мне название — «День: 10 апреля». Я дописываю: «К вопросу поэтики поэзии Б. Ахмадулиной». Прикрепляю статью к письму с кратким комментарием: «Ну вот…»

И почти сразу получаю письмо. Нет, не от Владимира. Адресат незнаком, а я и без того устала, нет сил вникать в новое… Но всё же открываю, читаю. Мистика какая-то… Перечитываю: «Уважаемая Вера Кимовна! Наш Княжеский дом Горчаковых учредил в 2012 году Международную литературную премию им. Беллы Ахмадулиной. Председатель жюри Борис Мессерер. Премия состоит из двух номинаций: а) поэзия, б) популяризация творчества Беллы Ахмадулиной... Ввиду Ваших больших заслуг перед русской словесностью и поэзией мы рассматриваем Вашу кандидатуру как наиболее вероятную. Хотели бы узнать Вашу точку зрения касательно всего вышеизложенного». Понятно, какие чувства я испытала в тот момент. Сам факт письма был почти мистикой. А тут ещё легкокрылая статья...

11 апреля.

Письмо от Владимира: «Вера, спасибо огромное — превосходная статья, она украсит номер! А нет ли у Вас фото, где вы с ней — вдвоём? Если есть в электронном виде — не пришлёте ли для публикации? Я пока поставлю фото Беллы из Интернета, чтоб место в номере застолбить, а в вёрстке — заменю. Ещё раз — огромное спасибо!»

Следом письмо от Андрея Анатольевича Горчакова:

Уважаемая Вера Кимовна!

Поздравляем Вас с абсолютной победой. Среди всех кандидатов Ваше поэтическое творчество было признано истинно лучшим. Все члены учёного совета единогласно выразили полное одобрение и поддержку Вашей кандидатуры. Звучали Ваши произведения, а также информация о проведенных Вами многочисленных мероприятий, посвященных памяти Беллы Ахмадулиной.

Во второй номинации — «популяризация творчества Беллы Ахмадулиной», победила известная Вам Валентина Алексеевна Ковач.

Приносим свои извинения за возникшие технические проблемы в Союзе журналистов, которые не позволили выйти с Вами на связь. В течение ближайших двух недель нами будет определена дата проведения торжественной церемонии вручения Международной литературной премии им. Беллы Ахмадулиной. В следующем письме мы обсудим с Вами наиболее удобную для нас с Вами дату.

Вновь поздравляю Вас и желаю дальнейших творческих успехов на ниве поэзии!

С уважением,

Андрей Анатольевич Горчаков,

Глава Княжеского Дома Горчаковых,

учредитель Международной литературной

премии им. Беллы Ахмадулиной

11.04.2012

Итак, я стала первым лауреатом Международной премии им. Беллы Ахмадулиной… Это надо осмыслить. Позже, в интервью, которое я дала Татьяне Янковской для журнала «Чайка», я скажу следующее:

Премия имени Ахмадулиной — не только большая честь для лауреата, но и ответственность. Поэт, чьё имя тем или иным образом поставлено рядом с именем Ахмадулиной, должен осознавать, что перед ним теперь вечно поднимающаяся планка. Это касается не только поэтического совершенствования, но и нравственного. Ахмадулина была человеком бескомпромиссным и исключительно, иногда до резкости, честным. Вместе с тем у неё было золотое сердце. Её доброта порой не знала границ, и она искренне раскаивалась, если вдруг невольно обижала человека. Кроме того, она была защитницей по натуре. Она писала письма в защиту многих политических деятелей, однако её защитничество не ограничивалось сугубо политической сферой. Она прекрасно понимала, что и талант как таковой нуждается в защите и поддержке. С таким дальним прицелом она, очевидно, и написала в своём предисловии к моему первому сборнику: «Прихотливый, независимый и несомненно ранимый мир открылся мне, явилась мысль о возможном обидчике воздуха и моря». Согласитесь, что «мысль об обидчике» могла прийти на ум только защитнику по природе. А потом она собственноручно и без всякой моей просьбы (попробуй попроси такое у известного поэта!) отнесла мои стихи в журнал «Смена» вместе со своим предисловием, и это было для меня такой же неожиданностью, как получение премии («О, как узнаваем её почерк!» — подумалось мне в тот памятный день 11 апреля 2012 г.).

Быть лауреатом премии им. Беллы Ахмадулиной и означает для меня не только творческое, но и нравственное совершенствование. Как Ахмадулина написала в стихотворении, посвящённом Надежде Мандельштам, «Способ совести избран уже / и теперь от меня не зависит». «Способ совести» лауреата должен быть также адекватен тому, что был избран Ахмадулиной...» (Татьяна Янковская. От Беллы Ахмадулиной. Интервью с Верой Зубаревой // Чайка, 16 августа 2012 г.).

Напрасно я думала, что на этом мои литературоведческие отношения со стихами Ахмадулиной закончились! Что действительно закончилось, так это здоровый, нормальный сон.

Во-первых, я вновь перечитала стихи, о которых писала, и поняла, что всё обстоит гораздо сложнее. Во время своего пребывания в Москве в мае того же года я поделилась новыми идеями с Владимиром Губайловским, тонко чувствующим поэзию, в том числе и Ахмадулиной, и написавшим глубокое, восхитившее меня эссе о её стихах. Он нашёл мои идеи интересными и просил прислать статью, когда будет готова. Я выразила опасение, что может получиться слишком длинно, но он убедил меня, что главное — написать, а о другом пока не нужно заботиться. С этим я и вернулась в Филадельфию.

Помню, стояла неимоверная жара в то лето, настоящее пекло. Из дому страшно было выйти, в особенности грешникам. Включив кондиционер и открыв компьютер, я приросла к стулу.

Начинала писать об одном стихотворении, а за ним накатывало другое, потом третье… Набралось целое море смыслов, а они всё прибывают и прибывают. Остановиться невозможно, хоть и хочется. Впечатление, что меня запрограммировали на вечное писание. В голове — компьютер: считает, увязывает, раскручивает… Ахмадулина рядом прогуливается, усмехается, зорко следит за всем. Только прилягу, она уж тормошит меня. При свете луны, с полузакрытыми глазами набрасываю новые идеи (благо блокнот возле постели), поворачиваюсь на другой бок, но и там она. В одну из таких ночей записываю строки «под диктовку»:

Она будит меня, шепчет.
Я за нею пишу, засыпаю.
А по комнате бродит вечность
Неприкаянная, слепая.
Так и бродят они вместе,
Их приход не дано разгадать мне,
И подносит она месяц
К побелевшей моей тетради.
Разобрать пытается почерк.
Хлещет ветер наотмашь ветками.
Снова шепчет. Чего она хочет?
Я пишу с закрытыми веками.
Сон — как будто в сознанье провалы
С пробуждения краткой ремиссией.
Видно, что-то не досказала
Перед тем, как покинуть мир сей.

Всякий раз, как начинаю перечитывать написанное о том или ином стихотворении, открывается что-то ещё и ещё… Главное, мне самой трудно понять, как и почему я пошла именно по этому пути в поисках смысла, кто натолкнул на библейскую тропу. Но раздумывать об этом времени нет.

Как-то само собой рассасывается лето, наступает осень. Статья разрастается в объёмную рукопись, и её уже читает Владимир Губайловский (участие двух Владимиров мистически благоприятствует работе). А за окном уже декабрь. Жду снега. По-прежнему пытаюсь отыскать на полке книгу с автографом Ахмадулиной. Эта пропажа удручает ещё и потому, что я не могу вспомнить, что именно она там написала. А мне почему-то кажется, что надпись не формальная, там что-то важное для меня. Нахожу видеозапись, где она зачитывает написанное, пытаюсь по губам восстановить хоть что-нибудь. Бесполезно! Музыка из соседней комнаты заглушает её голос, а качество записи такое плохое, что деталей не разобрать.

В середине декабря получаю письмо от Сергея Сутулова-Катеринича, главного редактора «45-й параллели». Он просит прислать ему что-то оригинальное об Ахмадулиной и присовокупить любимые стихи… Откликаюсь со стоном, пытаюсь объяснить, что всё уже написала, а вновь писать не могу, ну просто не могу. Сергею ведь не литературоведческое нужно, а для широкого читателя. Это означает, что следует писать всё по новой… Но Сергей непреклонен, и я вдруг понимаю, что, очевидно, такова её воля и что я должна написать через не могу. *Ну ладно, мысленно говорю я ей, напишу, но ты хоть как-то дай знать, что тебе мои писания по душе.* И я начинаю сочинять новое эссе «Я в таинствах подозреваю сад…». Оно получается небольшим и в точности как просил Сергей. Заканчивается оно так:

Поэзия Ахмадулиной всегда обращена своей скрытой стороной к Таинству, как его трактовал блаж. Августин, говоря о евхаристических хлебе и вине: «Они именуются Таинствами, так как в них одно обращено к видению, а другое — к постижению». Этот двусторонний принцип таинства лёг в основу образной системы Ахмадулиной, где игра видимого и невидимого строится на ассоциативных рядах, сложных и разветвлённых, как сны и фантазии. С их помощью она и создаёт свою луноподобную вселенную (Вера Зубарева. Белла Ахмадулина: «Я в таинствах подозреваю сад...» // 45 параллель. https://45parallel.net/bella_akhmadulina/ya_v_tainstvakh_podozrevayu_sad).

Отправив всё Сергею, я почему-то понимаю, что на этом моя миссия закончена. Поздний вечер. На ледянистом небе звёзды более переливчатые.

Звонит мама. У неё встревоженный голос.

— Что случилось? — спрашиваю.

— Я не понимаю, откуда у меня взялась эта книга с подписью Ахмадулиной! Ты мне принесла её, что ли?

— Какая книга, мама?

— На русском и английском. В чёрной обложке. Что она у меня делает?

Не могу поверить своим ушам.

— Мама, если не поздно, мы сейчас заедем к тебе и заберём её. Я уже несколько лет ищу эту книгу, всех друзей обзвонила.

— Несколько лет? Может, ты имеешь в виду другую книгу? Эта только что появилась.

Мы мчимся к маме, берём книгу, возвращаемся домой, я сажусь к столу и с волнением открываю страницу с надписью (разбивка и пунктуация Ахмадулиной):

> Моей дорогой
> прекрасной
> Вере (Верочке)
> Зубаревой
> с пожеланием

всех желанных
радостей и успехов,

и — главное! — вдохновения,
поэзии и музыки.
Люблю и благодарю!

> 18 мая 1997 года в Филадельфии
> и всегда и везде

> Ваша Белла Ахмадулина

И всегда, и везде… Это всё, что требовалось.
«Значит, есть, / хоть что-нибудь? / Да, есть…» — шелестит Сад.

Литература

Ахмадулина — *Ахмадулина Б.* Когда слово равно поступку. Интервью «Московскому железнодорожнику». Электронный ресурс: http://litenis.narod.ru/Interviy/axmadulina.html

Ахмадулина 1968 — *Ахмадулина Б.* Воспоминание о Грузии // Озноб: избранные произведения. Посев, 1968.

Ахмадулина 1977 — *Ахмадулина Б.* Вечное присутствие // Сны о Грузии. Мерани, 1977.

Ахмадулина 1989 — *Ахмадулина Б.* Здесь он ходил // Тверской венок Пушкину. М., 1989.

Ахмадулина 1991 — *Ахмадулина Б.* Предисловие // *Зубарева В.* Аура. Филадельфия, 1991.

Ахмадулина 1996 — *Ахмадулина Б.* Однажды в декабре: рассказы, эссе, воспоминания. М.: Пушкинский фонд, 1996.

Ахмадулина 1997 — *Ахмадулина Б.* Сочинения. М.: ПАН, 1997.

Ахмадулина 1999а — *Ахмадулина Б.* Вечное присутствие // Зимняя замкнутость. Москва.: Пушкинский фонд, 1999.

Ахмадулина 1999б — *Ахмадулина Б.* Зимняя замкнутость. Пушкинский фонд, 1999.

Ахмадулина 2000 — *Ахмадулина Б.* Сны о Грузии // Дружба народов. 2000. № 10. Электронный ресурс: http://magazines.russ.ru/druzhba/2000/10/ahmad.html

Ахмадулина 2001 — *Ахмадулина Б.* Блаженство бытия // Знамя. 2001. № 1.

Ахмадулина 2006а — *Ахмадулина Б.* «Мне кажется, я скоро стану писать о неграх». Интервью «Известиям» // Известия. 27 июля, 2006. Электронный ресурс: http://izvestia.ru/news/315748

Ахмадулина 2006б — *Ахмадулина Б.* «Мне нравится быть просто женой художника». Интервью «Новым Известиям» // Новые известия. 11 января 2006. Электронный ресурс: http://www.newizv.ru/culture/2006-01-11/38177-poet-bella-ahmadulina.html

Ахмадулина 2007 — *Ахмадулина Б.* Вопреки сюжету судьбы. Интервью журналу ELLE. 12.08.2007. Электронный ресурс: http://www.litkarta.ru/dossier/vopreki-siuzhetu-sudby/dossier_850/

Ахмадулина 2009а — *Ахмадулина Б.* Записка конюху // Знамя. 2009. № 8. Электронный ресурс: http://magazines.russ.ru/znamia/2009/8/ah1.html

Ахмадулина 2009б — *Ахмадулина Б.* На склоне лет хочется побыть великой… Интервью газете «Бульвар Гордона» // Бульвар Гордона. 2009. № 8 (200). Электронный ресурс: http://www.bulvar.com.ua/arch/2009/8/49a3db9ca9594/

Ахмадулина 2011 — *Ахмадулина Б.* В бесконечном объятии. Переписка Беллы Ахмадулиной и Бориса Мессерера с Василием и Майей Аксёновыми. Вступления Б. Мессерера и В. Есипова / Публ. М. Аксёновой, Б. Мессерера // Октябрь. 2011. № 10. Электронный ресурс: http://magazines.russ.ru/october/2011/10/ob2.html

Битов 1976 — *Битов А.* Три «пророка» // Вопросы литературы. 1976. № 7.

Битов 1999 — *Битов А.* Пушкинский дом: роман. Изд-во Ивана Лимбаха, 1999.

Бриллиантова — *Бриллиантова Р.* Анютины глазки — для каждой леди. Электронный ресурс: http://www.greeninfo.ru/grassy/viola_wittrockiana.html/Article/_/aID/4605

Быков 2003 — *Быков Д.* Орфография: опера в трёх действиях. М.: Вагриус, 2003. (Электронный ресурс: http://www.kniga.com/books/preview_txt.asp?sku=ebooks133011)

Вересаев 2000 — *Вересаев В. В.* Таврическая звезда // В двух планах: статьи о Пушкине. М.: Захаров, 2000.

Винокурова 1995 — *Винокурова И.* Тема и вариации. Заметки о поэзии Беллы Ахмадулиной // Вопросы литературы. 1995. № 4. С. 37—50.

Гамбашидзе 2013 — *Гамбашидзе Н.* Сказка, которую он не смог закончить // Свободная Грузия. 2013-07-12. Электронный ресурс: http://svobodnaya.info/index.php?option=com_content&view=article&id=857:2013-07-12-09-48-11&catid=45:society&Itemid=88#.V5aUMfmAOko

Григорьева 2001 — *Григорьева Т. М.* Старая орфография в новое время // Русский язык. 2001. № 17. Электронный ресурс: http://rus.1september.ru/article.php?ID=200101702

Губайловский 2001 — *Губайловский В.* Нежность к бытию. Белла Ахмадулина // Дружба народов. 2001. № 8. С. 189—196. Электронный ресурс: http://magazines.russ.ru/druzhba/2001/8/gubail.html

Дворкин 2005 — *Дворкин А. П.* Очерки по истории Вселенской Православной Церкви: Курс лекций. Нижний Новгород: Издательство Братства во имя св. князя Александра Невского, 2005. Электронный ресурс: https://azbyka.ru/otechnik/Istorija_Tserkvi/ocherki-po-istorii-vselenskoj-pravoslavnoj-tserkvi/47

Дебольский 2014 — *Дебольский Г. Д.* Дни Богослужения Православной Кафолической Восточной Церкви. М., 2014.

Дионисий — *Дионисий, игумен.* Святитель Григорий Палама: житие, творения, учение. Электронный ресурс: http://www.bogoslov.ru/text/291635.html

Жуковский 1960 — *Жуковский В. А.* Собрание сочинений: В 4 т. М.; Л.: Гос. изд-во художественной литературы, 1960. Т. 4.

Зубарева 2015а — *Зубарева В.* «Я утаю и не предам перу…»: Тайна зеркальных дат в поэзии Беллы Ахмадулиной // Дружба народов. 2015. № 8.

Зубарева 2015б — *Зубарева В.* Чехов в XXI веке: позиционный стиль и комедия нового типа. Idyllwild: Charles Schlacks, Jr. Publisher, 2015.

Коркунов 2011 — *Коркунов В.* «Столица сердца» Беллы Ахмадулиной. Кимрский след в творчестве поэта // Знамя. 2011. № 9. С. 204—209.

Коркунов 2015 — *Коркунов В.* Кимры в тексте. М., 2015.

Коркунов 2016 — *Коркунов В.* Четыре неизвестных письма Беллы Ахмадулиной. Рукопись. 2016.

Куллэ 1997 — *Куллэ В.* Ушедшая в гобелен // Лит. обозрение. 1997. № 3. С. 17—20.

Маркова — *Маркова Н.* О символике цветов в классическом искусстве // Первое сентября. 2006. № 2—3. Электронный ресурс: http://art.1september.ru/article.php?ID=200600315

Мейендорф 1997 — *Мейендорф И.* Жизнь и труды святителя Григория Паламы. Введение в изучение / Пер. с франц. СПб.: Byzantinorossica, 1997. (Сер. Subsidia Byzantinorossica.)

Михайлов 1973 — *Михайлов А. А.* Открытие Пушкина // *Михайлов А. А.* Ритмы времени (Этюды о русской советской поэзии наших дней). М.: Худож. лит., 1973. С. 510—526.

Михайлов 1986 — *Михайлов А. А.* Избранные произведения в двух томах: Ритмы XX века, Панорама поэзии. Т. 1. М.: Художественная литература, 1986.

Николаева 2007 — *Николаева О.* Поцелуй Иуды. М.: Издательство Сретенского монастыря, 2007.

Ничипоров 2006 — *Ничипоров И. Б.* Художественная картина мира в «цветаевских» стихотворениях Б. Ахмадулиной // Художественный текст — варианты интерпретации: материалы XII Всероссийской научно-практической конференции, Бийск, 18—19 мая 2007 г. Часть 2. Бийск: Бийский гос. педагог. ин-т им. В. М. Шукшина, 2006. Электронный ресурс: http://www.portal-slovo.ru/philology/37256.php?-SHOWALL_1=1

Палама 2004 — *Палама Григорий, св.* Триады в защиту священно-безмолвствующих. М.: Наука, 2004.

Петров — *Петров П. А., ст.* О камне и камнях. Электронный ресурс: http://www.molokan.narod.ru/d/d0312.html

Погребение и поминовение… 1995 — Погребение и поминовение православного христианина. Православный церковный календарь. 1995.

Пушкин 1977 — *Пушкин А. С.* Собрание сочинений в 10 томах. М., 1977—1979. Т. 1.

Ракитина 2006 — *Ракитина В.* Тайны фамильных портретов // Ульяновский литературно-краеведческий журнал «Мономах». 2006. № 4 (47). Электронный ресурс: http://monomax.sisadminov.net/main/view/article/468#

Роднянская 1981 — *Роднянская И. Б.* Лирический герой // Лермонтовская энциклопедия / АН СССР. Институт русской литературы (Пушкинский Дом). М.: Советская Энциклопедия, 1981. С. 258—262.

Роднянская 2011 — *Роднянская И. Б.* Новое свидетельство: Духовная поэзия. Россия. Конец XX — начало XXI века // Новый мир. 2011. № 3. Электронный ресурс: http://magazines.russ.ru/novyi_mi/2011/3/ro12.html

Сандомирская 1991 — *Сандомирская И.* Духъ буквы // Искусство кино. 1991. № 6. Электронный ресурс: http://www.a-z.ru/women/texts/sandom10.htm

Сигов 2004 — *Сигов К.* Пути просвещения и свидетели правды. М.: Дух и литера, 2004.

Скабалланович 2004 — *Скабалланович М. Н.* Воздвижение Честного и Животворящего Креста Господня. Киев, 2004.

Соболевский 1998 — *Соболевский С. А.* Из статьи «Таинственные приметы в жизни Пушкина» // Пушкин в воспоминаниях современников. Т. 1—2. 3-е изд., доп. СПб.: Академический проект, 1998.

Солженицын 2004 — *Солженицын А.* Один день Ивана Денисовича // *Солженицын А.* Избранное: проза, литературная критика, публицистика. ИПЦ «Жизнь и мысль», 2004.

Сутулов-Катеринич 2012 — *Сутулов-Катеринич С.* Вера Зубарева — первый лауреат Международной литературной премии им. Беллы Ахмадулиной // 45 параллель. 2012.

Толстой 1980 — *Толстой Л. Н.* Собрание сочинений: В 22 т. Т. 5. М.: Художественная литература, 1980.

Топоров 1993 — *Топоров В. Н.* О «резонантном» пространстве литературы (несколько замечаний) // Literary Tradition and Practice in Russian Culture / Ed. by Valentina Polukhina, Joe Andrew, Robert Reid. Rodopi, 1993.

Топоров 1995 — *Топоров В. Н.* Миф. Ритуал. Символ. Образ: Исследования в области мифопоэтического: Избранное. М.: Прогресс-Культура, 1995.

Флоровский 1933 — *Флоровский Г., прот.* Византийские отцы V—VIII веков. Corpus Areopagiticum. II. Пути богопознания. Ч. 1 // Восточные отцы V—VIII века (из чтений в Православном Богословском институте в Париже). Париж, 1933. Электронный ресурс: http://www.magister.msk.ru/library/bible/history/florov02.htm

Харченко, Плужникова 2011 — *Харченко В. К., Плужникова Д. А.* Интертекстемы Беллы Ахмадулиной: поэтическое «ego» в диалоге с другими текстами // Язык профессионального общения и лингвистические исследования: Сб. статей международн. научно-практ. семинара. Белгород: ИПК НИУ «Белгу», 2011. С. 220—223.

Цветаева 1979 — *Цветаева М.* Мать и музыка // Марина Цветаева. Октябрь. М.: Советский писатель, 1979.

Чарквиани 2015 — *Чарквиани Н.* В Грузии вспоминают день падения Сухуми. 2015. Электронный ресурс: http://www.golos-ameriki.ru/a/georgia-suhumi-fall/2981369.html

Чехов 1978 — *Чехов А. П.* Чайка: Комедия в четырех действиях // *Чехов А. П.* Полное собрание сочинений и писем: В 30 т. Т. 13. Пьесы. 1895—1904. М.: Наука, 1978.

Шпиллер 1981— *Шпиллер Вс.* Проповедь в неделю 2-ю Великого поста // *Шпиллер Вс., прот.* Проповеди. 22 марта 1981 г. Электронный ресурс: http://www.zavet.ru/shpiller2ned.htm

Эпштейн 2007 — *Эпштейн М.* Стихи и стихии. Природа в русской поэзии 18—20 вв. Самара: ИД БАХРАХ-М, 2007.

Вера Кимовна Зубарева

ТАЙНОПИСЬ
Библейский контекст в поэзии Беллы Ахмадулиной
1980-х — 2000-х годов

2-е издание

Корректор О. Круподер
Ведущий редактор В. Столярова
Оригинал-макет подготовила А. Мятела
Художественное оформление обложки И. Богатыревой

Подписано в печать 03.06.2017. Формат 84 × 108 1/32.
Бумага офсетная № 1, печать офсетная. Гарнитура Minion.
Усл. п. л. 11,76. Тираж 400. Заказ №

Издательство «Языки славянской культуры».
№ госрегистрации 1037739118449.
Phone: **8-495-959-52-60**. E-mail: **lrc.phouse@gmail.com**
Site: http://www.lrc-press.ru, http://www.lrc-lib.ru

ООО «ИТДГК "Гнозис"»
Розничный магазин «Гнозис» **(с 10-00 до 19-00)**
Турчанинов пер., д. 4, стр. 2. Тел.: **(499) 255-77-57**
itdgkgnosis@gmail.com

Оптовый отдел
Ул. Бутлерова, д. 17Б, оф. 313. Тел.: **(499) 793-58-01**
sales@gnosisbooks.ru
www.gnosisbooks.ru   vk.com/gnosisbooks

9 785944 572950